国家级示范高职院校建设成果

交通安全与智能控制专业人才培养模式研究与实践

编著 王 华 陈 斌

人民交通出版社

内 容 提 要

本书是国家级示范高职院校建设成果。本书结合四川交通职业技术学院交通安全与智能控制专业建设与发展成果,从专业起源、人才需求、人才培养模式、课程改革、教学改革、教学方法改革、实训基地、师资团队等方面,全面介绍了交通安全与智能控制专业建设与改革的思路与措施,并分析了行业发展趋势,提出了专业未来发展展望。

本书结构合理、内容循序渐进、系统完整、表述逻辑性强,结合案例分析,理论联系实际,适用于高职院校交通安全与智能控制专业建设和改革,同时可作为其他相关专业建设和改革的参考用书。

图书在版编目(CIP)数据

交通安全与智能控制专业人才培养模式研究与实践/王华,陈斌编著. ——北京 : 人民交通出版社, 2011.11

ISBN 978-7-114-09431-6

I. ①交… II. ①王…②陈… III. ①交通运输安全—教学改革—高等职业教育②交通控制:智能控制—教学改革—高等职业教育 IV. ①U491.5

中国版本图书馆 CIP 数据核字(2011)第 205792 号

国家级示范高职院校建设成果

书　　名:交通安全与智能控制专业人才培养模式研究与实践
著 作 者:王　华　陈　斌
责任编辑:任雪莲
出版发行:人民交通出版社
地　　址:(100011)北京市朝阳区安定门外外馆斜街 3 号
网　　址:http://www.ccpress.com.cn
销售电话:(010)59757969,59757977
总 经 销:人民交通出版社发行部
经　　销:各地新华书店
印　　刷:化学工业出版地印刷厂
开　　本:787×1092　1/16
印　　张:8.5
字　　数:209 千
版　　次:2011 年 11 月　第 1 版
印　　次:2011 年 11 月　第 1 次印刷
书　　号:ISBN 978-7-114-09431-6
定　　价:35.00 元

前　　言

智能交通系统(ITS)的应用是21世纪最具影响的产业之一,正有越来越多的企业加入ITS行业。随着ITS的快速发展,开设交通安全与智能控制专业的高职院校也在逐渐增多,但这些院校都面临“行业起步晚,办学时间短,办学底子薄”的问题,加之ITS涉及技术多、学科交叉广、区域发展不均衡,导致很多院校交通安全与智能控制专业人才培养定位方向模糊,目标不清,直接影响了学生的培养质量,有的院校甚至出现了“停办”现象。因此,探讨交通安全与智能控制专业建设与改革的技术路线和方法措施,为专业建设与改革提供一套切实可行的参考方案,已显得十分必要和重要。

笔者多年来一直担任四川交通职业技术学院交通安全与智能控制专业建设和改革的负责人,深知本专业在建设和发展中存在的问题和面临的困难,也积累了一定经验。四川交通职业技术学院作为全国最早开设交通安全与智能控制专业的院校之一和四川省唯一开设该专业的高职院校,经过几年不断摸索,尤其通过示范建设,基本上找准了专业人才培养方向,明确了专业人才培养目标,已探索出一套适合本专业的基于“双核心”的工学交替人才培养模式,建成了比较齐全的教学资源库,包括:人才培养方案、课程体系、课程标准、优质核心课程、特色教材、“双师”教学团队、实训条件、教学实施方案、质量控制体系、校企合作机制、队伍建设机制等。通过实践验证,该模式效果较好。本书可为同类院校的相关专业建设和改革提供借鉴和参考。希望本书的出版能推动相关院校交通安全与智能控制专业建设和改革的健康发展。

在本书的写作过程中,笔者参考了大量文献和四川交通职业技术学院示范建设成果,在行文中不能一一注出,在此一并致谢!在本书即将付梓出版之际,对诸多专家和同事的帮助与合作表示感谢!由于时间和水平有限,书中错漏之处在所难免,恳请读者批评指正。

编著者

2011年9月

目　　录

第 1 章　专业发展分析

1.1　专业开设情况

交通安全与智能控制专业于 2002 年首次被列入普通高职高专专业目录，属交通运输大类(520000)公路运输类(520100)，专业代码为 520105。

1.1.1　专业培养目标

本专业培养具有交通安全与智能控制专业必需的理论知识和技能，能从事交通安全与管理控制工作的高级技术应用型专门人才。

1.1.2　专业核心能力

交通安全、事故评估、交通管理信息及智能控制能力。

1.1.3　专业核心课程与主要实践环节

交通工程学、道路交通管理、安全系统工程、交通事故调查处理、交通控制技术、高速公路管理、运筹学、计算机网络与通信、社会调查、驾驶实习、交通事故调查处理、交通安全管理与管理信息技术实训、毕业实习等，以及各校的主要特色课程和实践环节。

1.1.4　就业面向

高速公路管理、城市道路交通管理、道路交通运输管理等部门。

1.1.5　开设院校

2002 年，四川交通职业技术学院和云南交通职业技术学院最早开设了交通安全与智能控制专业并招生，招生人数 100 余人。截至 2010 年秋季，全国开设交通安全与智能控制专业并招生的学校已达 20 多所，招生人数达到了 1000 多人，开设学校以各省交通职业技术院校为主，除了四川交通职业技术学院、云南交通职业技术学院以外，还有湖北交通职业技术学院、湖南交通职业技术学院、广东交通职业技术学院、山东交通职业学院、江西交通职业技术学院、安徽交通职业技术学院、陕西交通职业技术学院、新疆交通职业技术学院、河北交通职业技术学院、浙江交通职业技术学院等。

1.2　专业特点分析

1.2.1　涉及学科多

交通安全与智能控制专业对应于智能交通系统(Intelligent Transportation System，缩写为

ITS,以下简称 ITS),是将先进的信息技术、计算机技术、数据通信技术、传感器技术、电子控制技术、自动控制技术、运筹学、人工智能等学科成果综合运用于交通运输、服务控制和车辆制造,加强车辆、道路和使用者之间的联系,从而形成一种定时、准确高效的综合运输系统。因此,该专业涉及学科众多。

1.2.2 应用范围广

ITS 应用范围和服务领域非常广泛,根据 1991 年综合地面运输效率法案(ISTEA),1995 年 3 月,美国交通部正式出版公布了"国家智能交通系统项目规划",明确规定了智能交通系统的 7 大领域(即基本系统)和 29 个用户服务功能(即子系统)。

1.2.2.1 出行与运输管理系统

该系统包括了城市道路信号控制、高速公路交通监控、交通事故处理等公路交通管理的各种功能,以及用来研究和评价交通控制系统运行功能与效果的三维交通模拟系统。该系统能够对路网中交通流的实时变化作出及时、准确的反应,帮助交通管理部门对车辆进行有效的实时疏导、控制和事故处理,减少交通阻塞和延误,从而最大限度地发挥路网的通行能力,减少环境污染,节约旅行时间和运输费用,提高运输系统的效率和效益。该系统包括以下 6 个子系统:

(1)在途驾驶员信息系统;

(2)线路引导系统;

(3)出行人员服务系统;

(4)交通控制系统;

(5)突发事件管理系统;

(6)排放测试与污染防护系统。

1.2.2.2 出行需求管理系统

该系统向用户提供有关出行需求方面的信息。若将该系统和出行与运输管理系统结合起来,驾驶员就可以通过车载或处所计算机和无线通信设备获得各种交通信息(道路条件、交通状况、服务设施位置以及导游信息等),合理选择出行方式、时间和路线。驾驶员还可利用车载定位导航仪,在车载计算机上给出出发地点和目的地,计算机便可根据实时交通信息自动选择出最佳行驶路线,避开交通拥挤和阻塞路段,并促进高乘载率车辆的使用,从而提高运输效率。该系统包括以下 3 个子系统:

(1)出发前的出行信息系统;

(2)合乘配载和预约系统;

(3)需求管理与运营系统。

1.2.2.3 公共交通运营系统

该系统用以提高公共交通的可靠性、安全性及其生产效率,使公共交通对潜在的用户更具有吸引力。该系统包括交通标志占先权(高乘载率车辆专用车道的设置)、车辆定位和跟踪系统、语音和数据传输系统。该系统将公共交通管理部门同驾驶员直接联结起来,进行实时调度和行驶路线的调整,帮助运输部门增加客运率,降低运营成本,提高运输效益。该系统包括如下 4 个子系统:

(1)公共运输管理系统;

(2)途中换乘信息系统;

(3)满足个人需求的非定线公共交通系统；

(4)出行安全系统。

1.2.2.4 商用车辆运营系统

该系统能在州际运输管理中自动询问和接受各种交通信息，进行合理调度，包括为驾驶员提供一些特殊的公路信息，如桥梁净高、急弯陡坡路段的限速等，对运送危险品等特种车辆的跟踪以及车辆和驾驶员的状况进行安全监视与自动报警。在特种车辆自动报警系统中，还装有探测靠近障碍物的电子装置，可保障在道路能见度很低情况下的行车安全。通过这一系统，可使营运车辆的运行管理更加合理，车辆的安全性和生产效率得到提高，公路系统的所有用户都能获益于一个更为安全可靠的公路环境。该系统包括以下 6 个子系统：

(1)商用车辆电子通关系统；

(2)自动化路侧安全检测系统；

(3)商用车辆管理程序系统；

(4)车载安全监控系统；

(5)商用车辆交通信息系统；

(6)危险品应急反应系统。

1.2.2.5 电子收费系统

该系统通过电子卡或电子标签由计算机实现自动收费，可使所有地面交通收费包括道路通行费、运输费和停车费等实现自动化，实现收费车道上无人管理、不停车、不用票据的自动收费，以减少用现金收费所产生的延误，提高道路的通行能力和运行效率，并可为系统管理提供准确的交通数据。该系统只有电子收费 1 个子系统。

1.2.2.6 应急管理系统

该系统用以提高对突发交通事件的报警和反应能力，改善应急反应的资源配置。该系统包括 2 个子系统：

(1)紧急报警与人员安全系统；

(2)应急车辆管理系统。

1.2.2.7 先进的车辆控制和安全系统

该系统应用先进的传感、通信和自动控制技术，为驾驶员提供各种形式的避撞和安全保障措施。该系统具有对障碍物的自动识别和报警，自动转向、制动、保持安全间距等避撞功能。系统的这些功能在很大程度上代替了驾驶员对行车环境的感应和控制能力，从而可以提高行车安全性，减少交通阻塞，进一步提高道路的通行能力和运输效益。该系统包括以下 7 个子系统：

(1)纵向避撞系统；

(2)侧向避撞系统；

(3)交叉口避撞系统；

(4)视觉强化避撞系统；

(5)事故前乘员安全保护系统；

(6)危险预警系统；

(7)自动公路系统。

除此以外，美国的智能交通系统正在开发一个新的领域，即先进的乡村运输系统。该系统把为城市地区开发的交通管理技术和系统功能推广应用到乡村道路网络中，主要应用先进的电子通信技术，提高行车的安全性，方便外国游客出行，促进乡村地区的经济发展。它包括为驾驶员和事故受害者提供援助的无线紧急呼救系统，恶劣道路和交通环境的实时警告系统，以及有关服务设施和旅游路线、景点等信息系统。

1.3 我国智能交通系统发展现状

从20世纪90年代开始涉足智能交通系统以来，我国智能交通系统已经从概念进入应用试验阶段，以道路运输为主的智能交通系统研究和建设应用，在改善城市交通状况、解决城市交通拥堵问题、提高城际道路管理水平等方面发挥了一定作用，智能交通技术已成为解决交通问题的重要技术手段之一，尤其是国家“十五”科技攻关计划项目“智能交通系统关键技术开发和示范工程”的全面实施，掀起了全国大城市对智能交通系统的研究、开发、应用和建设热潮，促进了我国智能交通系统从技术研究到工程示范应用的全国开展，智能交通系统建设已成为地方交通工作的重点内容之一。

与国外相同，我国的智能交通系统技术也主要围绕道路运输系统进行，已在智能交通整体框架和标准的研究、智能交通关键技术研究和软硬件产品的研发以及示范工程建设方面取得了一定成果。

1.3.1 技术研发现状

我国在数据管理、信息采集与融合、短程通信、智能车路控制等技术领域及系统集成方面取得了具有自主知识产权的创新成果；已实现交通信息采集、车载信息处理和车辆安全装置等关键产品的国产化。

1.3.2 工程建设及应用现状

我国目前以城市、城际道路运输为主要实施对象，开展了智能化交通指挥、调度与管理系统以及智能公交调度和综合信息平台为主要内容的示范工程建设，并取得了一定成效。

1.3.3 智能交通产业化现状

由于目前我国智能交通系统发展阶段的特点，具有地域和文化背景的交通信息服务领域还未形成市场和有效价值链。但交通信息采集设备和电子不停车收费(ETC)设备，已形成产业化并在城市和公路上开始大范围应用。

1.4 几个主要应用领域发展趋势

1.4.1 城市智能交通的发展趋势

根据国家发展规划，城市智能交通系统建设将继续得到大力发展。未来将在50个左右的大城市推广交通信息服务平台建设，提供交通信息查询、交通诱导等服务；在200个以上的城市发展城市智能控制信号系统，形成智能化的交通指挥系统；在100个以上的大城市推进大城市公共交通区域调度和相应系统的建设，加大电子化票务的建设与应用。

1.4.2　车载终端的发展趋势

据对欧美国家的智能交通系统应用的统计，以 GPS（全球卫星定位系统）为基础的道路导引/车辆导航系统已成为当前最大的智能交通系统用户市场，并占据了全部智能交通系统用户支出的29%。2007 年，中国 GPS 市场销售量达到 122.3 万套，销售额为 78.9 亿元，与 2006 年相比，销量和销售额增长率分别为 50.1% 和 88.3%。

随着电子标签（RFID）技术的进一步快速发展，采用车载 RFID 标签设备或 RFID 标签卡极大地方便了驾驶员在停车场交费、高速公路交费，而随着未来周边环境配套设施的进一步完善，它也将极大地促进未来车辆终端的智能化发展。

未来新型车载的计算与通信终端技术和设备也将得到发展和应用。充分利用 GPS 系统、3G 技术等无线通信技术，将车载计算、信息显示与驾驶控制系统等整合到统一的车载信息与通信设备中对于未来智能交通系统的发展将起到重要的作用。

1.4.3　道路交通智能化的发展趋势

1.4.3.1　电子不停车收费（ETC）市场

随着近几年高速公路的建设发展，高速公路通信、监控和收费系统的市场规模高速增长，根据 Bayes 咨询推出的《2007 年中国智能交通市场研究及 2008—2012 年发展预测研究报告》，高速公路相关的通信、监控与收费系统投资规模从 2001 年的 41 亿元增长到了 2007 年的 146 亿元，如图 1-1 所示。

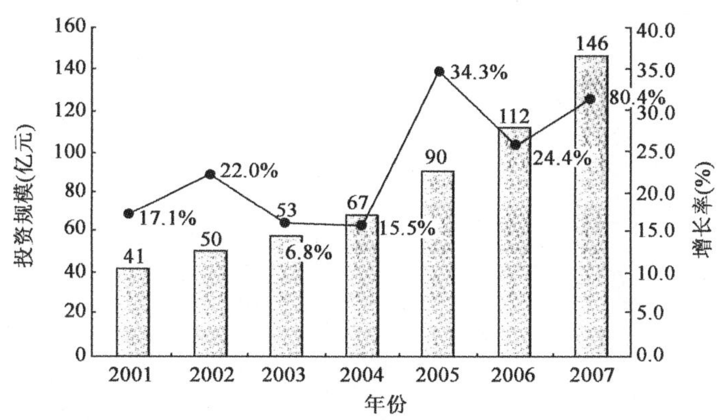

图 1-1　2001—2007 年高速公路通信/监控和收费系统市场发展

在交通部《公路水路交通中长期科技发展规划纲要（2006～2020 年）》中，高速公路联网收费和不停车收费将是两个重要着力点。随着我国高速公路建设里程的不断增加，高速公路的通信、监控和收费系统需求量也将不断扩大。

1.4.3.2　道路交通智能化的发展趋势

高速公路不停车收费（ETC）系统的需求将逐年增加。虽然目前国内已经有相当一部分的高速公路建立起了不停车收费系统，但距离全面建设与应用还有很大差距。未来高速公路联网收费将是 ETC 在进一步发展过程中需要考虑的问题，而为此统一相关技术与通信标准也将成为未来发展中需要解决的问题。

道路交通智能化发展的另外一个趋势是道路交通视频监控系统的发展。它包括电子警察执法处罚系统、机动车超速检测系统、移动车辆稽查系统、车流量监测系统、智能化多媒体网络车牌识别以及城市综合应急系统等。

1.5 结论

综前所述,ITS 涉及学科多,应用范围广,行业发展迅猛,技术更新快速,区域发展不平衡。交通安全与智能控制专业开设历史短暂,没有建设与发展经验可借鉴,这就给该专业的人才培养准确定位带来了困难,并且 ITS 在我国起步较晚,各应用领域还没形成一定规模的产业链,开发研究人才需求相对较多,高素质应用技能型人才需求相对较少,因此增加了人才培养准确定位的难度。所以,尽管开设该专业的院校多,但纵观各开设院校对本专业的人才培养定位,都不尽相同,甚至个别院校由于专业定位不明确,直接影响到学生的培养和就业质量,最终导致专业停办。因此,专业人才培养的定位应该充分结合所在区域 ITS 发展和应用状况,结合各院校自身实际来进行,并根据市场变化,及时调整更新。

城市 ITS 的发展趋势将表现为综合化、多部门驱动型的发展模式,以交通信息查询服务、交通诱导服务、智能控制信号、公交区域调度和电子票务系统建设为发展重点。车载终端已占有智能交通行业非常大的市场份额,并仍以较快速度在增长,呈现出产品多样化的发展态势。高速公路联网收费和不停车收费将是高速公路发展的两个重要着力点,集电子警察执法处罚、机动车违章检测与处理等系统为一体的道路交通视频监控系统将成为道路交通智能化的重要发展趋势。

第2章 人才需求分析

2.1 区域行业发展现状与趋势

通过专家咨询、问卷和网络搜索调查，目前四川省共有44家企业经营内容与智能交通有关，除四川省内江乘风智能交通有限公司（内江市）和四川省江油夜视丽反光材料有限公司（绵阳市）外，其余42家企业全部位于成都市（图2-1），从地理分布上可以看出，目前智能交通企业主要集中在大城市。

调查显示，四川省的智能交通企业经营范围主要有导航定位、交通检测、交通信息、交通信号控制、视频监控、智能停车、高速公路收费、交通安全设施共8个应用领域，其中导航定位9家、交通检测6家、交通信息1家、交通信号控制3家、视频监控10家、智能停车5家、高速公路收费5家、交通安全设施10家，详见图2-2。由图2-2可以看出，目前视频监控、交通安全设施、导航定位、交通检测、智能停车和高速公路收费企业相对较多，而交通信息和交通信号控制企业相对较少。

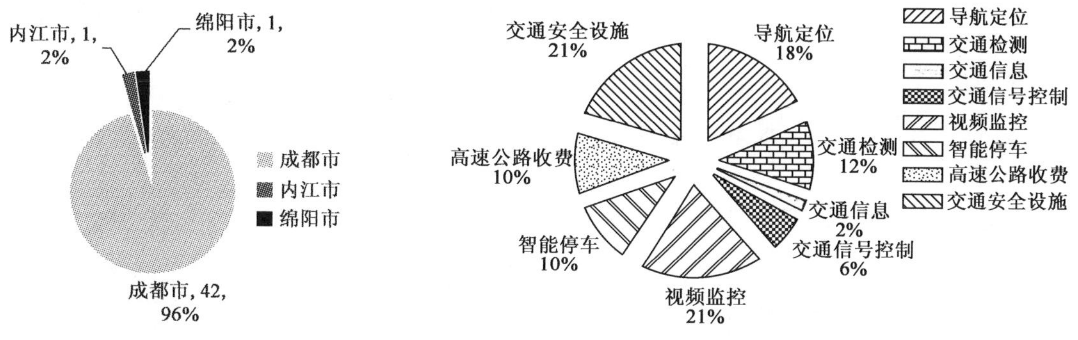

图2-1 四川地区智能交通企业分布情况

图2-2 四川地区智能交通企业经营情况

从经营模式看，导航定位企业主要从事产品研发、生产和应用，其中研发8家，占88.89%，生产和应用6家，占66.67%；交通检测企业主要从事检测软件研发、工程施工和产品销售，其中研发5家，占100%，工程施工和产品销售2家，占40%；交通信息企业主要从事软件研发；交通信号控制企业主要从事信号灯的研发、生产和工程施工，其中研发2家，占66.67%，生产和工程施工3家，占100%；视频监控企业主要从事研发、生产、工程施工和产品销售，其中研发4家，占40%，生产和工程施工5家，占50%，销售6家，占60%；智能停车企业主要从事工程施工和产品销售，其中工程施工4家，占80%，销售1家，占20%；高速公路收费企业主要从事系统集成和机电工程施工；交通安全设施企业主要从事产品研发、生产、销售和工程施工，其中产品研发3家，占30%，生产2家，占20%，销售4家，占40%，工程施工5家，占50%。

从企业规模看，目前四川省的智能交通企业规模普遍较小。从员工人数上看，只有1家从事交通信号灯生产、1家从事交通安全设施工程施工和1家从事交通标志标线生产的企业员工数超过100人；注册资金超过1000万元的只有9家，仅占20%，说明智能交通企业用人量较少。

从企业招聘岗位看，智能交通企业招聘的岗位有：文档工程师、产品生产组装、技术文员/助理、前台、产品设计支持部经理、生产经理、电气工程师、维修技术人员、销售经理、销售代表、硬件开发工程师、软件测试工程师、嵌入式软件工程师、测试经理、GIS软件工程师、嵌入式软件工程师、导航信息处理工程师、信号处理工程师、项目工程师、软件工程师、工程技术人员、工程部经理、营销工程师、预算员、库管员、车间主任，除销售代表外，其他岗位均要求有工作经验。从学历上看，除产品生产组装、电气工程师、维修技术人员、销售经理、销售代表、硬件开发工程师、工程部经理、营销工程师、预算员、库管员和车间主任等岗位招收大专学历外，其余岗位都要求本科及以上学历。从岗位人员需求看，销售人员和维修技术人员需求最多，其次是工程技术人员。

从知识能力结构要求看，销售人员要熟悉市场营销工作，具有独立的分析和解决问题的能力、良好的沟通技巧和说服能力，能承受较大的工作压力，具有强烈的事业心和团队协作精神；维修技术人员要熟悉电子电路，能看懂电路原理图，掌握一定焊接、电工技术，有良好的沟通能力，能吃苦，能适应出差；工程技术人员要具有计算机网络、安防工程实施经验，从事过电子类设备安装、调试工作的经验；电气工程师要熟悉电气系统设计、施工细节，以及相关软件，最好有国家注册职业资格证；产品生产组装人员要熟悉生产流程和品控流程；项目工程师要能够熟练使用AutoCAD、PhotoShop等办公软件，具有计算机网络建设、安防工程施工经验，能够独立完成工程售前、售后支持，方案制作，以及工程实施，有一定的组织协调能力，踏实、细心，能适应经常出差，最好有驾驶证。

2.2 区域ITS应用状况

目前，成都市智能交通应用领域主要有交通信息管理、导航定位、“一卡通”和智能公交系统，但都还没形成规模。

2.2.1 交通信息管理系统

成都智能交通信息管理系统已于2010年建成投入使用，通过铺设线圈和实时摄像头监控可掌握每条道路的车流量信息，根据车流量数据进行信号配时，而且可以根据实时的车流量信息随时调整信号灯时间的长短。该系统还具有车辆识别、车流量监测等多个功能。监控中心的电脑屏幕上会根据不同的拥挤程度显示成红、黄、绿三种颜色，红色表示车流量非常大、交通堵塞，黄色表示车辆行驶速度较慢，绿色表示道路畅通，交警可据此进行交通组织。该系统由交通指挥中心和交通信号自适应控制系统、交通事件检测系统等子系统组成。

2011年7月，成都智能交通指挥系统已正式投入使用。计划在2012年6月，将基本完成整个智能交通路网系统的建设。智能交通路网系统投入使用后，成都的交通信息掌控方式和交通拥堵处理模式将发生根本性转变。这套智能系统拥有的四大功能——城区道路交通运行状况实时监控、信号灯单点控制管理、优化交通事故接处警、重大交通保障预案管理。

2.2.2 导航定位

目前，成都市正规划建立北斗导航卫星产业群，“加快推进北斗卫星导航定位终端及系统产业化”被列入成都市47个重点高新技术产业项目建设，该项目亦被列入成都市科技局2009年重点工作之一。

2.2.3 “一卡通”工程

在智能卡的使用方面，成都市的“天府通”卡已成功应用于城市公交、出租车、停车场、客运枢纽站以及地铁（轻轨），实现了“一卡通”功能。

2.2.4 智能公交调度系统

目前，成都市已建立起智能公交调度系统，已有1000多辆公交车信息进入该系统，智能公交营运调度系统除了车载终端系统、数据中心以及各级调度中心几个部分外，还有一个重要的部分就是电子站牌。电子站牌上有一个暗藏的摄像头，系统连接后，摄像头将把每个站台的信息发送到中心，通过小屏幕即可看到。实现了场站、路上、车内实时监控调度功能。

综上所述，成都市智能交通应用目前主要集中在交通信息管理、导航定位、“一卡通”和智能公交系统，但都还处于初级阶段，未形成规模。为了适应发展需要，交通安全与智能控制课程内容还应涵盖交通信息管理、导航定位、智能卡、智能公交方面的知识。

2.3 区域专业对应的职业岗位分析

据调查，四川省开设交通安全与智能控制专业的院校只有四川交通职业技术学院，该校也是全国最早开设交通安全与智能控制专业的院校之一。目前，该校本专业主要面向城市智能交通系统集成厂商、高速公路公司机电系统集成厂商、高速公路公司、交通智能产品制造企业、交通运输及相关企业，培养德、智、体、美全面发展，具有专业必备的高等数学、电工电子技术、交通工程技术、计算机及网络技术、市场营销与沟通技巧的基础理论和专门知识，能够查阅检索英文文献资料，具有从事本专业实际工作的基本操作技能、良好的职业道德、较强的综合职业能力和一定的可持续发展能力，能够胜任交通领域智能产品生产，智能交通系统建设、施工组织与管理、系统应用与维护，交通运输安全管理，产品营销，售后技术支持等工作的高素质技能型人才。对应的职业岗位主要有：高速公路机电系统应用与维护、产品生产组装、项目工程师、维修、销售代表、技术支持。

可以看出，四川交通职业技术学院的交通安全与智能控制专业学生就业面向覆盖了产品生产、销售、系统集成、系统应用维护和技术支持等方面，行动领域比较完整，技能应用特点明显，毕业生可以满足智能交通及相关企业生产、建设和服务要求。

2.4 区域专业对应的职业资格证书分析

据调查，目前四川省交通安全与智能控制专业对应的职业资格证书有：电子仪器仪表装调工（中级）、电工仪器仪表装配工、公路收费及监控员（交通运输部特种行业）。可以看出，其职业资格证书设置主要针对电工电子方面的基本技能训练，行业取证方面只有公路收费及监控员，主要面向高速公路，未涉及城市道路交通、停车场和安防领域。因此，在职业资格证书方面涵盖面还不宽，有待拓展。

2.5 区域专业人才应聘渠道分析

据调查，目前四川省交通安全与智能控制专业人才应聘的渠道主要有：学校推荐、顶岗实习、大学生专场招聘会、报刊和网站、朋友介绍等。毕业生获得第一份工作的主要渠道是学校推荐和朋友介绍，其次是顶岗实习和大学生专场招聘会，学生直接向单位申请和自主创业的目前还没有，说明学生就业主动性还不够，自主创业意识还不强。

综上所述，交通安全与智能控制专业的高职学生毕业后主要从事智能交通行业的市场营销、技术支持、客户服务和产品生产工作，少数优秀的毕业生可从事研发工作。在知识结构上，对于从事研发工作的学生，需要注重电工电子、单片机、编程语言、通信原理、GPS、ITS 和数据库等相关课程知识的学习；对于从事市场营销和客户服务的学生，还需要具备市场营销和沟通技巧知识。

2.6 应用人才能力分析

2.6.1 典型工作任务分析

为了全面推进基于工作过程系统化的课程改革，更好地进行专业建设，2008 年 12 月 14 日，四川交通职业技术学院交通安全与智能控制专业示范建设项目组邀请了 11 名来自 8 个不同企业的专家，与学院 12 名教师一起，成功召开了实践专家访谈会。通过专家与教师的讨论，明确了 ITS 岗位不同工作级别的员工所从事的代表性工作，概括出了 ITS 岗位的典型工作任务，并按职业生涯发展阶段确定了这些任务的难度等级和顺序。根据确定的交通安全与智能控制专业的典型工作任务，分析得出了需求的核心工作能力。

参会的实践专家来自四川科泰智能电子有限公司、成都深港路通科技有限公司、四川速安科技有限公司、成都绕城高速公路西段有限公司、上海博康俊友交通信息技术有限公司等公司，企业规模、性质、主营业务等皆较有代表性，并且涵盖的面较宽；11 名专家的专业或从事的行业具有代表性，专业岗位种类多，学历层次恰当，工作年限基本符合要求。

典型工作任务分析如下。

2.6.1.1 确定典型工作任务

第一步，会议开始后，主持人介绍访谈会的背景、目的、方法和指导思想，解释“职业发展阶段”和“职业的典型工作任务”的概念。

第二步，到会实践专家填写名牌，自我介绍。

第三步，到会实践专家填写《职业发展阶段与关键事件调查表》，并叙述从接受职业教育到成为实践专家的发展过程，将这一过程划分成若干阶段（最多 5 个）。

第四步，通过头脑风暴法，为每一阶段举出 3 ~ 4 个实际从事过的、有代表性的工作任务实例。

第五步，主持人组织与会代表共同将类似的工作任务归在一起，全面检查这些归类的合理性，对不合理的进行更正。必要时，添加一些只有个别人从事过，但是对本职业有普遍意义的工作任务；或者所有组员都未从事过，但有代表性或不久以后肯定需要完成的工作任务。

第六步，到会人员分成 4 个小组，每组由实践专家和教师组成，在已确定的有代表性的工作任务的基础上,填写《典型工作任务分析的引导问题表》,进行典型工作任务的讨论和分析,共同确定典型工作任务。典型工作任务不针对任何具体的企业或个人。实践专家对典型工作任务进行排序。

最终确定的典型工作任务见表2-1。

职业发展阶段典型工作任务 表2-1

职业发展阶段	工作积累年限(年)	对应典型工作任务
职业起步	1~2	1. 行业及企业熟悉
		2. 制图软件熟悉
		3. 交通智能产品生产
		4. 交通智能产品营销
业务成熟	2~3	5. 交通工程制图
		6. 智能交通系统工程施工
		7. 智能交通系统应用
		8. 智能交通系统维护
		9. 产品售后技术支持
基础管理	3~5	10. 项目现场施工组织及管理
综合管理	5~10	11. 项目招投标管理
		12. 系统方案设计
		13. 项目全面管理

2.6.1.2 典型工作任务分析

将实践专家和教师分组,将每3~4名实践专家和2~3名教师组成一个小组,由实践专家从专业的角度分析描述上面所确定的典型工作任务的基本内容,组内的教师进行记录。确定的典型工作任务基本内容见表2-2。

典型工作任务基本内容 表2-2

职业发展阶段	对应典型工作任务	典型工作任务基本内容
职业起步	1. 行业及企业熟悉	(1)从车、场、路三方面认识行业; (2)停车场认识; (3)熟悉高速公路运营和管理及交通安全
	2. 制图软件熟悉	熟悉 AutoCAD、Visio 等制图软件
	3. 交通智能产品生产	电子产品安装与焊接、调试
	4. 交通智能产品营销	(1)停车场系统销售; (2)区域销售(产品系统推广); (3)确定产品的市场和环境
业务成熟	5. 交通工程制图	阅读、绘制交通工程涉及的各种施工图
	6. 智能交通系统工程施工	(1)业主沟通、现场查勘; (2)布线布管; (3)硬件设备安装与调试; (4)系统软件安装与调试; (5)系统统调
	7. 智能交通系统应用	(1)系统操作; (2)对业主进行系统应用培训

续上表

职业发展阶段	对应典型工作任务	典型工作任务基本内容
业务成熟	8.智能交通系统维护	(1)日常保养; (2)故障诊断与维护
	9.产品售后技术支持	(1)产品升级; (2)故障诊断,制订维修方案; (3)根据方案排除故障,并填写维修记录
基础管理	10.项目现场施工组织及管理	(1)安排项目施工任务,协调相关单位的支持; (2)组织和指导施工技术人员严格按设计图纸、施工规范、操作规程施工,并进行质量控制; (3)解决施工中的技术问题,组织进行施工总结,检查监督工程质量并及时纠正; (4)编制项目实施报告,整理工程有关的各种技术文件,参与竣工资料的编制
综合管理	11.项目招投标管理	(1)招标管理: ①采购人编制计划,独立或与招标代理机构办理委托手续,确定招标方式;进行市场调查,确认采购项目,编制招标文件; ②发布招标公告或发出招标邀请函;出售招标文件,对潜在投标人资格进行预审;接受投标人标书; ③在公告或邀请函中规定的时间、地点公开开标; ④由评标委员对投标文件评标; ⑤依据评标原则及程序确定中标人; ⑥向中标人发送中标通知书; ⑦组织中标人与采购单位签订合同; ⑧进行合同履行的监督管理,解决中标人与采购单位的纠纷 (2)投标管理: ①按照招标书要求,必要时与业主沟通或进行现场勘察,编制投标书;在规定时间递送标书; ②在规定时间、地点,参与开标,并答疑; ③中标后与采购单位签订合同; ④跟踪合同履行情况
	12.系统方案设计	(1)设备选型; (2)成本计算; (3)系统结构图; (4)项目实施方案; (5)布线施工图; (6)设备接线图; (7)软件安装与调试流程
	13.项目全面管理	(1)负责工程项目部分前期工作; (2)负责工程项目合同管理; (3)负责工程项目进度管理; (4)负责工程项目安全质量控制; (5)负责单项工程项目资金拨付计划控制; (6)负责单项工程服务商评价; (7)负责递交服务商考核建议; (8)参与系统建设设计规划; (9)制订本岗位业务范围内年度经营及费用支出计划和预算; (10)提交年度考核指标完成情况汇报、问题分析报告

2.6.1.3 典型工作任务整合与描述

经过教育专家的研究，在上述得到的典型工作任务中选取整合出 6 个典型工作任务作为交通安全与智能控制专业的教学化对象，并对每个任务的内容、岗位、实施方法、结果等进行详细的描述，见表 2-3。

典型工作任务描述 表 2-3

任务名称	典型工作任务（职业行动领域）描述
电工电子产品制作	交通安全与智能控制专业毕业生要会对高速公路机电系统进行集成、应用维护，会设计、安装和应用高速公路供配电和照明系统，还要会集成安装和维护交通监控系统； 要能认识电阻、电感、电容、二极管、三极管、与门、或门、非门电路和 R－S、D、J－K 触发器；能用指针三用表测判开关、电阻、电感、电容、二极管、三极管元件好坏；能用指针三用表测判电阻性、电感性及电器好坏；如传感器、继电器、接触器和发热用电器、电动机、变压器等；能阅读电路原理图；能安装电动机控制电路；能按照装配图、接线图装配和焊接电路板；能使用三用表、钳形表、绝缘电阻表、示波器测量电参数；能编制出电路的技术说明书、调试说明书、使用说明书以及装配图、接线图，懂电工基础知识、安全用电知识； 因此，选择用指针三用表测判电子电器元部件好坏，进行电动机控制电路、模拟放大电路、模数变换电路培训，重在电动机控制电路
交通工程制图	交通工程制图是交通施工类工作的重要组成部分，是施工的重要依据，也是项目验收的重要依据之一； 交通工程图纸包括施工图纸、管线图纸及综合布线图纸；以实际工程施工项目所需为依据，借助计算机辅助绘图软件 AutoCAD，设计并绘制出工程图纸，供施工人员、项目验收等使用； 交通工程图纸设计员在项目经理的领导下，认真查阅项目的技术要求、成本要求，然后通过工程现场勘探情况及与业主进行沟通，设计出工程施工图纸；依据工程制图标准，运用计算机辅助绘图软件 AutoCAD 绘制出工程施工图纸，供施工人员、项目验收等使用
车载 GPS 集成与应用维护	车载定位与导航系统是指全球卫星定位系统（GPS）在车辆定位和导航方面的应用系统，它主要由 GPS 卫星、地面监控系统和车载终端设备组成，运用电子应用技术、计算机技术、现代通信技术等技术完成对车辆的定位和监控； 车载定位与导航系统工程师助理协助系统工程师完成整个车载定位与导航系统的正常运行；主要包括对客户需求进行分析；协助制订系统方案；对车载终端设备进行性能测试；及时与客户沟通做好售前技术工作；安装车载终端设备；现场调试车载终端设备；做好入网登记；录入客户信息；根据客户要求运用监控平台软件对车辆实现监控；对客户进行监控软件的使用培训；向公司反馈客户要求及建议；为客户车辆正常监控提供技术服务；做好日常维护；处理常见的车载终端设备硬件故障
城市道路交通监控执法系统集成与应用维护	城市道路交通监控执法系统是现代综合交通管理系统的重要组成部分，通过对道路上行驶的车辆闯红灯、超速行驶、逆行等违法违章行为进行抓拍记录，为交通执法提供执法依据；该系统主要包括交通数据检测记录子系统、机动车违法闯红灯自动检测记录子系统、机动车超速行驶定点雷达检测记录子系统、机动车视频卡口子系统、机动车违法禁左检测记录子系统、机动车违法逆行检测记录子系统和中心管理子系统； 城市道路交通监控执法系统集成工程经理在项目经理的领导下，在系统实施前，对工程现场进行勘察，绘制工程施工图，制订施工计划；再根据施工图和施工规范，进行前端系统管线敷设及通断测试，前端设备安装调试，中心端系统安装调试，联机测试；最后协助项目经理编写、整理、归档有关工程技术文档； 城市道路交通监控执法系统集成技术经理在项目经理的领导下，进行技术工作的实施与指导，把握技术标准；整理并归档相关文档材料，编写项目验收报告；协助项目经理按合同文件编制培训计划，参与用户培训，参与系统交付验收； 城市道路交通监控执法系统售后技术支持工程师在项目经理的领导下，按合同要求，对系统进行日常保养维护；当系统发生故障时，按合同要求，借助相关技术资料和仪器设备，对系统进行故障诊断，制订并向工程部经理报批维修方案，并按方案对故障进行排除，编写并向项目经理上报维修报告

续上表

任务名称	典型工作任务(职业行动领域)描述
高速公路机电系统集成与应用维护	高速公路机电系统是实现高速公路智能化交通管理的主要工具,主要包括高速公路监控、收费、通信以及供配电系统;其工程顺序是:首先采用先进的技术设备建成机电系统,其次是通过对机电系统的运行管理实现高速公路高速、安全、畅通、收费的功能,同时为保障高速公路正常运营的实现,必须对机电系统进行日常维护和故障处理; 高速公路机电工程集成技术人员能按照工程项目经理下达的任务,拟订实施计划,选用高速公路机电系统设备,利用专用工具、仪器仪表,依据工程技术标准,按照施工图依图施工,进行系统集成和调试,保证工作安全,符合环保要求;施工中做好施工记录,进行工程资料规整,配合进行工程验收; 高速公路机电系统应用技术人员能根据机电系统设备技术资料、机电系统操作手册以及相关管理规程,通过对机电系统的应用,实现高速公路通行费的收取、收费工作的管理、交通监控及气象监测;高速公路机电工程维护技术人员能根据机电系统维护手册,拟订维护的实施计划,进行机电系统的日常维护,并对维护后的系统作运行测试;维护前做好系统正常运营的预案,保证维修过程中系统的正常运行;保持安全作业的工作要求,维护中做好维护记录,规整存档
智能停车场系统集成与应用维护	智能停车场系统是可以实现停车场收费管理和设备管理的现代化停车场管理系统,其集成过程包括了解业主需求,根据现场勘察结果设计系统集成方案,预算工程成本,制定投标书,进行投标,取得建设合同后,根据合同,制订施工方案,编制施工文件,组织人员进行施工;竣工后,将项目交付业主,并对系统使用者进行技术和操作培训,为业主提供后期维护服务; 智能停车场系统应用集成工程师协助项目经理做好业主沟通、现场查勘,设计系统集成方案,预算工程成本,针对招标文件中的技术要点进行技术审核,在招投标中针对业主进行技术答疑;根据合同条款,制订和优化施工方案,编制施工图纸,制订施工计划,安排项目施工任务,协调相关单位的支持;组织和指导施工技术人员严格按施工方案、施工规范、操作规程进行布管布线、设备安装与调试、软件安装与调试、系统统调与试运行,并进行质量控制;负责编制项目实施报告,整理工程有关的各种技术文件,参与竣工资料的编制,参与将系统交付业主验收,进行系统应用培训; 智能停车场系统售后技术支持工程师在工程部经理的领导下,按合同要求,对系统进行日常保养维护,同时填写相关过程记录表格;当系统发生故障时,按合同要求,借助相关技术资料和仪器设备,对系统进行诊断,制订并向工程部经理报批维修方案,按方案对故障进行排除,同时做好相关记录,编写并向工程部经理上报维修报告

2.6.2 职业能力需求分析

职业特定能力是每一种职业自身特有的,是只适用于这个职业岗位的专门能力,适应面很窄。行业通用能力是以社会各大类行业为基础,从一般职业活动中抽象出来的,可适用于这个行业内的各个职业或工种的基本能力,适应面比较宽。

通过前面的分析,可以确定交通安全与智能控制职业能力为:能安装三相电动机正反转控制电路,能制作放大电路,能制作数字电路;能进行交通施工图纸的设计与绘制;能组织与管理智能交通系统工程建设,能进行系统安装与调试、运行与管理、保养与维护;能参与招投标文件的编制。

2.7 结论

从人才需求分析来看,导航定位、交通信号控制、视频监控、智能停车、高速公路收费和交通安全设施企业需要的应用型人才较多,而交通检测、交通信息企业需要的应用型人才相对较少。交通安全与智能控制专业的就业定位应主要面向导航定位、交通信号控制、视频监控、智能停车、高速公路收费和交通安全设施。

目前,由于智能交通企业用人量还不多,因此交通安全与智能控制专业的招生规模不可过大。交通安全与智能控制高职专业的就业面向，应该以市场为导向，定位在产品生产组装、电气工程师、维修技术人员、销售经理、销售代表、硬件开发工程师、工程部经理、营销工程师、预算员、库管员和车间主任等岗位。

交通安全与智能控制专业的课程内容，应涵盖电工电子技术、安防工程施工、电子设备装调、电气系统设计、产品生产、产品质量控制、工程制图软件、计算机网络、市场营销、方案制作的知识和相关技能的训练。学生能力要求达到：能安装三相电动机正反转控制电路，能制作放大电路，能制作数字电路；能进行交通施工图纸的设计与绘制；能组织与管理智能交通系统工程建设，能进行系统安装与调试、运行与管理、保养与维护；能参与招投标文件的编制。

第3章　人才培养模式改革研究

3.1　人才培养模式的涵义

“人才培养模式”是指在一定的现代教育理论、教育思想的指导下，按照特定的培养目标和人才规格，以相对稳定的教学内容和课程体系、管理制度和评估方式，实施人才教育的过程的总和。它具体可以包括以下四层涵义：

(1)培养目标和规格；

(2)为实现一定的培养目标和规格的整个教育过程；

(3)为实现这一过程的一整套管理和评估制度；

(4)与之相匹配的科学的教学方式、方法和手段。

以上可用简化的公式表示，即：目标+过程与方式(教学内容和课程+管理和评估制度+教学方式和方法)。

3.2　办学模式、教学模式与人才培养模式

3.2.1　办学模式

3.2.1.1　办学模式的内涵

办学模式可看成是在教育实践活动中形成的对教育活动具有规范化意义的，能使教育活动中各要素的配置呈现最优化的一种结构体系。

广义的办学模式可理解为：一个国家或地区为适应经济和社会发展的水平而建立起来的组织体系、领导体系、管理格局和教育结构形式等。

狭义的办学模式可理解为：一所学校为适应当地的经济发展水平和人才需要而建立的一种人才培养的格式规范。对于学校来说，办学模式通常是指狭义上的办学模式，这种模式具有以下几个特点。

(1)系统的特点。其结构是一个学校由各因素有规律构成的系统，可以把办学模式看成一个由多个子模式构成的模式群。

(2)范式的特点。办学模式是教育实践的产物，既是对实践的理论性概括，又对教育实践有一定的指导意义，具有明显的示范性，即范式的特点。

(3)创设的特点。构建办学模式的过程，实际上就是学校在国家教育方针、政策指导下，根据学校的实际情况，为实现教育目标而创设(创造性地设立)合理的、优化的学校教育结构、教育过程、教育方法基本框架的过程。

(4)多样化特点。从时代发展的要求上看，办学模式具有明显的时代性，随着现代教育观念的更新、教育改革的深化，办学模式必须与时俱进地进行新的改造和构建，不断向多样化方向发展。从学校自身的要求上看，因为学校的具体实际情况不同，所以表现出的办学模式也不

同,办学模式具有明显的多样化特点,由此形成了各学校的办学特色。

3.2.1.2 办学模式表现

办学模式主要表现在以下几方面:

(1)筹资体制:渠道的单一与多样化。

办学自主权:能否依据社会需要和自身力量在一定范围内自主地设置学科和专业,并根据自身的需要自由地使用经费。

(2)人事和分配制度:能否引入竞争机制,按需设岗,竞争上岗,聘约管理,增强教职员工的主人翁意识和责任感?在分配中能否充分体现"优劳优酬"、"多劳多得",激发教职员工的工作积极性?

(3)财务和后勤管理:财务管理是否引入并重视教育成本核算观念及其相应的机制?在后勤管理与服务方面,是否引进企业的运作机制,构建社会化的后勤保障体系?

(4)效益:是否在追求办学社会效益的同时,也追求办学的经济效益?

(5)重要影响:是否促进了多元化办学体制的形成?是否增加了全社会的教育投入,促进了高等教育的可持续发展?能否适度满足社会对高等教育选择的愿望?是否引入了竞争机制,推进了高等教育的改革与创新?

3.2.2 教学模式

3.2.2.1 教学模式的涵义

乔伊斯和韦尔在《教学模式》一书中认为:"教学模式是构成课程和作业、选择教材、提示教师活动的一种范式或计划。"将"模式"一词引入教学理论中,说明了教学模式是在一定教学思想或教学理论指导下建立起来的较为稳定的教学活动结构框架和活动程序。结构框架突出了教学模式从宏观上把握教学活动整体及各要素之间内部的关系和功能;活动程序突出了教学模式的有序性和可操作性。

3.2.2.2 教学模式结构

教学模式结构是教学模式所包括的五个因素(理论依据、教学目标、操作程序、实现条件和教学评价)之间有规律的联系。

(1)理论依据。教学模式是一定理论指导下的教学行为规范。不同的教育观往往会引出不同的教学模式,如"认知心理学"的学习理论是概念获得模式和先行组织模式的依据;"人的有意识与无意识的心理活动、理智与情感活动在认知中的统一"的理论是情境陶冶模式的依据。

(2)教学目标。不同教学模式是为完成一定的教学目标服务的。在教学模式的结构中,教学目标处于核心地位,并对构成教学模式的其他因素起制约作用,决定着教学模式的操作程序和师生在教学活动中的组合关系,也是教学评价的标准和尺度。教学模式与教学目标极强的内在统一性,决定了不同教学模式的个性。

(3)操作程序。每一种教学模式都有其特定的逻辑步骤和操作程序,规定在教学活动中师生活动的内容、方式及时序和各步骤对应的完成任务。

(4)实现条件。实现条件是指能使教学模式发挥效力的各种条件因素,如教师、学生、教学内容、教学手段、教学环境和教学时间等。

(5)教学评价。教学评价是指各种教学模式所特有的完成教学任务、达到教学目标的评价方法和标准等。由于不同教学模式所要完成的教学任务和达到的教学目的不同,使用的程序和条件不同，其评价的方法和标准也有所不同。

3.2.3 人才培养模式

3.2.3.1 人才培养模式的内涵

人才培养模式是为实现培养目标而采取的培养过程的构造样式和运行方式，主要包括：专业设置、课程模式、教学设计和教育方法等构成要素。人才培养模式从属于教育范畴。

人才培养模式与教育的关系：人才培养模式是教育的具体实践形式。

人才培养模式的内容：是教育理论、教育实践一体化的操作体系。

人才培养模式的特征：是有范式的特征。

3.2.3.2 人才培养模式的分类

人才培养模式有狭义和广义之分。

狭义的人才培养模式是在某种类型教育中，依据不同条件和需要形成的具有不同特点的教育实践形式，是有关学校不同特点的具体教育实践总结。

广义的人才培养模式是指不同类型的教育实践。如高职人才培养模式，是指以职业技术教育为特征的高等教育实践。

3.2.4 办学模式、教学模式与人才培养模式之间的区别

"培养模式"不是"培养途径"，也不是"办学模式"和"教学模式"。

"办学模式"是指"根据什么需求和条件"去开展教育，它强调的是外在的形式和特征。

"教学模式"是说明在教学过程中，"按照什么思路"去组合要素，安排程序和制订策略。它注重于突出教学活动本身。

"培养模式"是"按照什么样子"去实现人才培养的目标，其根本属性表现为一种动态的多要素范畴。人才"培养模式"的内涵，通常是指在一定的教育思想和教学规律的指导下，为培养目标而对培养过程采用的标准构造样式，具有一定的风格和特征，而其外延，应视为整个培养过程。高职教育中的"人才培养模式"，通常是指在高职教育理念和职业教学规律的指导下，为实现培养目标而对整个运作过程进行全面的构造、解释和推断。由于该结构样式中的要素主要有培养目标、专业设置、课程体系、运作策略、教学组织及评估方式等，因此人才培养模式改革的实质，就是针对上述诸要素进行有别于传统的变革和创新，比如培养目标如何在全过程的工学结合中与全面素质教育挂钩，专业设置如何贴近社会、经济发展（产业、行业调研）、市场需求（市场驱动）和满足个体（职业分析），课程体系如何具有开放性和动态性（学业中的课程体系），运作策略如何真正确立人文理念（学业中的运作策略），教学组织如何体现以学习环境设计为基础的分布式学习（学业中的教学组织），评估方式如何有效导向（学业中的评估方式）以及体现在就业与立业上的效果等。将"培养模式"扩展，则极易与办学模式混同；将"培养模式"压缩，又极可能降为"教学模式"。

3.3 人才培养模式改革

3.3.1 人才培养模式改革的必要性

高职院校人才培养模式改革的目的是提高人才培养质量。随着规模发展向内涵建设的转

化，教学质量已成为高职院校生存与发展的生命线。高职院校面临全面建设小康社会、开创中国特色社会主义事业新局面的重要战略机遇期，在招生数量大幅度扩增的同时要保证办学质量，加快推进人才强校战略，增强学校的核心竞争力和自主创新能力，培养出适应社会需求的高技能型人才。这是当前高职院校工作的主题，也是事关高等职业教育发展和生存的基础。纵观高职教育的发展，其历史较短，学术地位低，层次类别不全。从现阶段基本国情来看，高职教育基本定位在专科层次，而且沿袭了普通专科教育模式来组织教学，面临着职业人才类别层次结构的重构要求。随着经济全球化和高等教育的大众化，我国高职教育规模迅速扩大，办学模式逐步趋向多元化，但人才培养模式至今未脱离中职或普通高等教育的影响，培养质量很难保证。因此，探索高职人才培养模式，办出高职特色，已成为当前高职教育改革的热点与难点。因此，积极开展人才培养模式改革，势在必行。

3.3.2 改革前交通安全与智能控制专业人才培养模式存在的问题

改革前，四川交通职业技术学院交通安全与智能控制专业通过几年的摸索与总结，基本形成了“三层次螺旋式工学结合”的人才培养方式，层层紧密联系，螺旋式推进，培养高素质应用型技能人才，这种人才培养模式将课程体系结构分为三大部分：基本理论与基本素质；专业知识与技能；专门化岗位技能。同时，与课程体系相匹配，实践训练体系大致可分为三个阶段：第一阶段对应基本理论与基本素质的培养；第二阶段对应专业技术与技能的培养；第三阶段对应综合岗位技能，结合本专业岗位群职业资格要求，对应开展电子设备装接工、电子设备装配工的职业技能培训及鉴定，要求达到中级工水平。

事实表明，这种人才培养模式存在以下几点不足：

(1)该模式虽然注重学生实践技能的培养，但在教学上，仍沿用传统模式，将理论与实践分离，并且理论安排学时较多，实践技能训练主要集中在专周和毕业实习阶段，不利于学生专业技能的积累和能力的提升，甚至出现了学生学完一门课程就忘完一门课程的现象，十分不利于职业能力的形成和职业素质的养成。

(2)课程体系学科性偏强，课程的设置、课程内容的选取和学习内容的编排，与传统学科体系没有区别，没能体现职业教育教学的特点和规律，课堂教学内容与实践内容有出入，学校学习内容与工作岗位要求脱钩，致使毕业生工作后职业能力差，适应能力弱，用人企业或单位对毕业生不满意。

3.3.3 交通安全与智能控制专业人才培养模式改革

针对交通安全与智能控制技术应用领域广，学科交叉性强，涉及知识、技能面宽，行业正处于起步阶段，对从业者的综合职业能力要求高的特点，人才培养采用基于“双核心”的方式来实施。按照“校企合作，工学结合”的思路，项目组积极与成都网阔、成都深港、成都绕城高速、四川曙光、四川科泰、四川省交通厅监控结算管理中心、成都市交通委员会等多家单位合作，充分发挥各单位优势，广泛吸纳行业企业专家，共同成立了专业建设指导委员会，并建立了运行机制，成功召开专业建设指导会员会两次，共同确定了专业定位和发展方向；通过实践专家访谈会找出典型工作任务后，再认真分析、归纳要完成各典型工作任务所必需的职业能力，将其提炼成为“职业核心能力”；以培养“职业核心能力”为根本，精心设置“核心学习领域”，构建课程体系，实施人才培养。在教学组织上，按照学习认识规律，把培养过程分为三个阶段，第一个阶段一年半，主要学习专业基础理论知识，训练专业基本技能，使学生具备初步的职业能力，并选择考取电子仪器仪表装调工(中级)或电工仪器仪表装配工(中级)职业技能鉴定资格证书;第二阶段一年,在前阶段的基础上,实施校企合作、工学交替,加强专门化技能训练,着力培养职业核心能力,考取公路收费及监控员职业技能鉴定资格证书;第三阶段半年,校企合作,实施顶岗实习和毕业设计,强化岗位技能训练,全面促进学生职业素质和职业道德养成,进一步提升学生综合职业能力,为学生就业上岗做好准备。通过改革,最终形成"1.5 +1.0 +0.5"的"双核心"工学交替人才培养模式,见图 3-1。

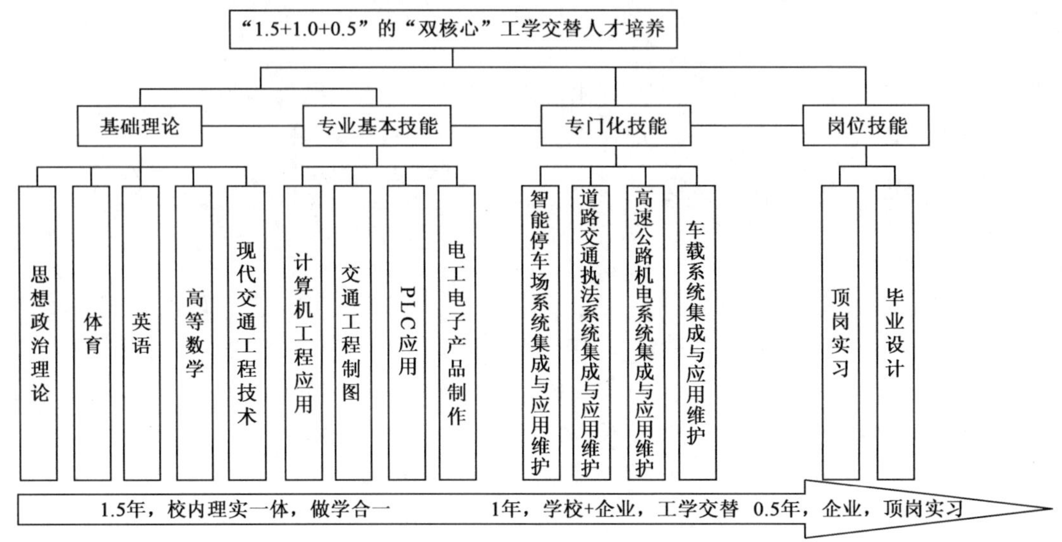

图 3-1 "双核心"人才培养过程图

改革后的人才培养模式不仅体现了对专业知识、技能和能力的要求,还体现了职业精神和毕业后有可持续发展的学习和适应能力的要求,更加强调和注重学生综合职业能力的培养、职业素质的养成和专业技能的训练。

按照这种人才培养模式,四川交通职业技术学院交通安全与智能控制专业 2007 级学生到成都绕西高速、都汶高速、成温邛高速,2008 级学生到东莞富港,开展工学交替的实习活动;2008 届、2009 届、2010 届毕业生"双证书"取证率达 100%;2010 届毕业生半年顶岗实习和就业率达 100%,专业对口率达 100%。

3.4 结论

人才培养模式应包括:目标 + 过程与方式(教学内容和课程 + 管理和评估制度 + 教学方式和方法),它介于办学模式与教学模式之间,办学模式比它更宏观,教学模式比它更微观。

对人才培养模式的改革,应从培养目标和规格、培养过程和培养方式几个方面入手。四川交通职业技术学院交通安全与智能控制专业通过人才培养模式改革实践,形成并实施了"1.5 +1.0 +0.5"的"双核心"工学交替人才培养模式,取得了较好的效果。

第4章　课程改革研究

课程改革是学习方式和教学方式的转变，改变课程过于注重知识传授的倾向，强调形成积极主动的学习态度，使获得知识与技能的过程成为学习和形成正确价值观的过程，是“被动性、依赖性、统一性、虚拟性、认同性”传统学习方式向“主动性、独立性、独特性、体验性与问题性”的现代学习方式的转变过程。

我国的高职教育经过近20年的长足发展，到2009年，全国独立设置高职院校已达1215所，招生数达313.4万人，在校生964.8万人，高等职业教育已成为高等教育的半壁江山，成为中国高等教育的重要组成部分，并在社会经济发展中发挥越来越重要的作用。随着高职教育的发展，高职院校在课程改革方面做了大量的尝试和探索，也取得了一定的成效，特别是近年来，高职课程在如何更好地为我国经济转型服务方面的改革已越来越引起社会各界的重视和关注，成为高职教育改革的核心问题。

4.1　高职课程的特征

4.1.1　内容特征

高职课程内容要满足针对性和适应性两方面的要求，高职人才培养必须有合理的知识结构。高职课程的知识内容，大致可分为三种类型：基础理论、专业理论和专业技术。现分别阐述如下。

基础理论的内涵是普遍的客观规律，包括自然科学和社会科学，相应课程如物理、数学、政治经济学、哲学等。

专业理论是基础理论在一定专业范围内，沿实际应用方向的综合和发展，相应课程如理论力学、流体力学、电工基础、自动控制理论等。

专业技术是与高职人才的具体工作直接相关并频繁应用的知识，相应课程如发电厂电气设备、继电保护测试技术、热力发电厂、电子商务技术等。

从以上三类知识的性质可知，专业技术直接反映了当前职业岗位的工作需要，体现了高职教学的针对性。专业理论是专业技术的基础，它常常是相近专业的共同基础。

三类知识的逻辑联系（或内容排序）是基础理论—专业理论—专业技术。高职人才合理知识结构的关键，就是协调这三类知识的比重。根据高职教育的性质和人才培养目标定位，在高职课程内容中，应该加强专业理论，其理由可归纳为以下三点：①专业理论是基础理论沿一定专业方向的综合和发展，是根据专业需要精选和提炼了的基础理论，因而，它是针对性要求和适应性要求的统一；②专业理论是学习和发展多种同类专业技术的基础；③专业理论具有足够的稳定性。必须指出，加强专业理论，绝非加大课程深度或是本科知识的“压缩”，而是一定要使其具有宽而新的内容体系。注重理论的应用形态，在理论与实践相结合上下工夫。

4.1.2 结构特征

高职课程结构特征体现在三个方面，即专业口径、课程体系结构和课程内容结构。

4.1.2.1 专业口径

高职课程是一定专业的课程，而高职专业的口径宽窄是一个结构性的选择。由于高职面对的是种类繁多又千差万别的社会职业，所以，高职的专业口径一般针对一个职业(或行业)领域，或一组岗位群，以确保教育效益和教学稳定。

4.1.2.2 课程体系结构

高职课程体系不应是工程本科课程体系的简化型或压缩型。根据本专业领域内职业技能的基本要求和学生掌握本专业必备的基础理论、专门知识来组建课程，即构建课程模块。这样的课程体系既便于保证学历层次的要求，又体现了以理论的应用为特征，落实了以技术应用能力培养为主线。

4.1.2.3 课程内容结构

高职课程内容不应是本科课程内容的压缩。由于高职课程具有针对性的特点，因而高职课程内容的组合呈现定向化、综合化和模块化的趋势，并构成高职课程的特色。

(1)定向化。高职的基础理论课程内容组合常是一种定向结构，例如电厂化学、电工数学、电力应用文写作等，专业理论课程更是基础理论的定向发展，如建筑力学、流体力学、电工学等。

(2)综合化。在科学、技术、生产三者结合互动下，使科学发展出现了综合化、整体化的趋势。出于教育自身发展和培养的人才符合社会的需要，单纯的基于学科分化的课程设置已明显不能适应现代高职教学的要求。对于学科结构型的课程内容必须作出相应调整，实行课程结构重组和教学内容的综合化。构建新的课程，按新的观点实行几门相关课程教学内容在更深层次上的相互融合(绝不是原有内容的简单结合)。综合化不仅体现在学科知识间的综合，也体现在知识学习与技能训练的综合。

(3)模块化。课程模块化就是将各种课程分别编制成在深度和广度上有差异的几种模块，如高等数学(I)、高等数学(II)等。校内(或校外)相关专业或专门化可以按照需要选择各种适用的课程模块，再加上少量自己开发的课程，组合成专业教学计划或培训计划。这样，就能够大大节省学校开发课程的精力和财力。

4.2 课程改革要体现职业核心

2006年，教育部以教高[2006]16号文件的形式颁发了《关于全面提高高等职业教育教学质量的若干意见》，首次在正式文件中确认了高等职业教育是我国的一种教育类型。高职作为高等教育发展中的一种类型，是指高等教育体系中具有与其他高等教育有不同教育目的、功能和教育使命，与其他高等教育有着质的区别，在服务现代化建设中，具有不可替代性的一类高等教育，在高等教育中可以自行体系。

高职教育与其他高等教育的共性是“高教属性”，高职教育与其他高等教育本质的差别(个性)是“职业属性”，“职业属性”是高职教育的本质特征和本质属性。职业教育是一种培养人获取某种从业资格的教育，简称就业教育。职业教育的“专业”是相应职业内涵的具体反映。高职教育的“专业”是相应职业岗位(群)的职业内涵的具体反映。它不是学科分类的结果,而是职业分类及履行职业岗位(群)、职责、任务而必备的知识、能力(技能)、素质(态度),按照职业同一性和相近性进行归纳,形成适应某一职业岗位(群)需要的教育载体。它与获得某学科知识,形成某一技术工作领域基本能力的普通教育有着本质的区别。

高职教育的“专业”培养目标最终要由若干门联系紧密的课程形成的课程体系来实施和完成,高职教育的课程是构成高职教育“专业”的基础。因此,高职教育课程的改革始终是高职教育改革的落脚点。在我国近20年的高职教育发展过程中,高职课程的改革一直在不断地深化,并形成了以实践为核心、以能力为核心和以工作过程为核心的三次改革浪潮。经过三次改革浪潮后,高职院校在课程建设方面取得了很多成功经验,建设出了一大批精品课程,但是,在课程建设理念上并没有达成高度的共识。究其原因,主要是因为变化太快,变数太多。

我国是一个职业教育的大国,各地和各行业存在较大差异,要用某一种课程建设模式来统领整个高职课程开发可能会存在一些问题。高职课程改革应坚持以“职业属性”作为高职教育改革的核心,突出学生职业能力的培养。

4.3 课程改革要以工学结合为突破口

高职课程改革应以工学结合为突破口。以工学结合实施高职课程教学改革,应重点把握好以下几个方面的问题。一是课程目标,应重点定位在学生专业能力的培养,努力提高学生的专业能力;二是课程的教学环境,要改变过去的单一的封闭的教室环境,将企业文化导入教学场地,营造企业氛围,实现教学环境企业化;三是课程教学内容,要与企业岗位要求相对接,将企业业务标准融入教学内容,实现课程标准与企业业务标准相统一。

4.4 交通安全与智能控制专业课程改革

4.4.1 课程体系重构

《联合国教科文组织关于职业技术教育与培训的第二届国际大会的建议》中指出:“职业技术教育不仅仅是为学员提供知识和为具体工作提供技能,还必须使学员更广泛地适应生活和工作岗位的要求”,“职业技术教育有责任向学员提供旨在为‘学会学习’的良好基础教育与培训”。因此,能力本位的课程体系应该是对学生进行综合职业能力培养的完整体系,不仅要培养学生的职业特定能力,还要培养学生的行业通用能力和职业核心能力。

课程体系是按一定程序组织起来的教学内容及其进程的总和,是人才培养活动的重要载体。高职课程体系具有一定的构造形态,它包括课程的总量、类型、结构、平衡度及课程设置的机动性和发展的灵活性。课程体系的建设应基于培养目标、培养途径和教学组织形式;核心在于课程结构,即理论知识与实践知识、技能的构造方式;重在体系,在培养模式内各要素之间、专业内各课程之间及专业外其他课程之间构建起合理、高效的体系。

课程体系重构,即组建由交通安全与智能控制技术领域的技术专家、能工巧匠、人力资源专家、专业教师和职业教育专家组成的课程建设指导团队,坚持国家职业标准与企业岗位实际需求相结合的原则,严格按照专业培养目标和培养定位要求,确保专业教学目标能够从市场需求的逻辑起点出发,最大限度地满足学生综合职业能力培养。

课程体系构建，应首先组织专业教师深入市场，开展调研，明确专业现状与职业之间的差异，明确行业需求、职业需求和岗位需求；然后召开专业建设指导委员会，确定专业人才培养目标；再召开实践专家访谈会，分析实践专家职业成长经历，找出典型工作任务；组织专业教师和教育专家将典型工作任务进行教育化处理，确定专业学习领域；最后结合“双核心”人才培养要求，确定支撑本专业学生综合职业能力培养和发展的课程，构建课程体系。课程体系及实施进度安排见表4-1。

课程体系及实施进度安排 表4-1

课程名称	学期/阶段周学时安排						学分		总学时分配		授课方式组合			培养模式
	1	2	3	4	5	6	选修	必修	本院	企业	课堂教学	理实一体	其他	
体育(Ⅰ)、(Ⅱ)	2	2						4	64(公共)			64		公共平台
实用英语(Ⅰ)、(Ⅱ)	2	2						4	64(公共)		64			
思想政治理论(Ⅰ)、(Ⅱ)	4	3						7	112(公共)		80		32(专周)	
高等数学(Ⅰ)、(Ⅱ)	3	3						6	96(公共)		96			
入学教育与军训	2							2	32				专周	
现代交通工程技术	7							7	112		80	32		
计算机工程应用	5	6						11	176		48	128		
电工电子产品制作		8						8	128		48	80		
交通工程制图			7					7	112		32	80		
PLC应用			8					8	128		48	80		
交通信息管理系统设计与开发					9			9	144		48	96		
技能鉴定				4				4	64				专周	
顶岗实习						15		15		240			企业	
毕业综合能力考核						10		10	60	100		60	100(企业)	
高速公路机电系统集成与应用维护				8			8		128		48	80		高速公路方向
高速公路供配电与照明系统设计与应用				6			6		96		48	48		
高速公路管理				4			4		64		48	16		
城市道路交通监控执法系统集成与应用维护				8			8		128		48	80		城市交通方向
智能停车场系统集成与应用维护				6			6		96		48	48		
计算机网络通信技术应用				4			4		64		32	32		
车载GPS集成与应用维护				8			8		128		48	80		车载系统方向
汽车车身电气设备系统检测				6			6		96		48	48		
无线通信技术在ITS中的应用				4			4		64		48	16		

续上表

课程名称	学期/阶段周学时安排						学分		总学时分配		授课方式组合			培养模式
	1	2	3	4	5	6	选修	必修	本院	企业	课堂教学	理实一体	其他	
道路交通安全管理				6			6		96		64	32		安全管理方向
交通事故调查分析				6			6		96		64		32(专周)	
交通安全设施设计与安装维护				6			6		96		48	48		
专业英语			4				4		64		64			拓展平台
单片机应用				4			4		64		32	32		
电气自动控制					4		4		64		32	32		
市场营销与沟通技巧					4		4		64		64			
公关与礼仪			4				4		64		48	16		
公文写作					4		4		64		64			
企业管理					4		4		64		64			
学院任选		2	2	2			6		96(公共)		96			
合计	25	26	25	82	21	25	48	102	2060	340	1079	821	500	

4.4.2 课程标准制定

根据重构后的课程体系要求和本专业人才培养目标,采用校企合作的形式,选择并剖析典型成功案例,确定课程培养目标、课程教学内容,结合实践专家访谈会得出典型工作任务,深入相关企业调研,认真分析,归纳生产、建设、服务和管理等一线工作的职业能力要求,再通过教育教学专家指导,企业技术人员参与论证,设计学习任务,选择教学方法与手段,制定课程评价指标等,在此基础上总结归纳形成课程标准。

课程内容选取要考虑与其他课程的衔接关系,避免与相近课程在内容上重复、冲突;同时要考虑学生的学习基础,难易要适度。知识的学习、技能的训练、能力的培养要按照由简单到复杂的顺序进行,要符合由外围到内核的认知规律。教学组织要根据专业实际,紧密结合实训环境,以学习任务为驱动,"理实一体,做学合一"实施教学,将知识学习融入到实践操作中,"做中学,学中做"。

核心课程标准见附录3。

4.4.3 校本学材编写

高职教育的教学材料,应该体现出职业的特点,其取材应该面向行业和企业,以培养学生综合职业能力为主,最终要服务于行业企业发展。所以教学材料建设应校企合作,共同开发、编写。教学材料内容和素材的选取,项目的设计,案例的引用,也要以综合职业能力培养为目标,符合以学生为主体的需要,要符合理实一体教学的要求;教学材料文字表述要简明扼要、通俗易懂,内容可通过图文并茂的形式来展现,突出重点和难点,要易于学生理解和掌握,易于技能训练,易于综合职业能力培养。

学材编写的基本原则要体现出"四性"。

4.4.3.1 知识实用性

高职教育的鲜明特点在于实用性，即突出学生实践能力的培养，但也不能忽视理论学习，要处理好理论与实践之间的关系。因此，在学材编写的过程中，要坚持“理论以够用、必需为度，突出应用”的原则。“够用”指在分析、解决问题时所必须具备的理论知识，即培养学生应用能力方面所必需的理论知识，对于理论来源、指导过程、理论争议等可以不论述。“突出应用”即加强应用能力的培养。

4.4.3.2 结构合理性

学材内容既要以最新的成熟技术为中心，又要注意淘汰陈旧的技术内容，将新技术引进学材。同时，尽可能以技术为中心设计和组织学材内容，注意以问题引出概念、知识。另外，学材内容应留有余地，以满足学有余力的学生进修或探究的需要。高职教育是技术型教育，所谓技术是指为某一目的共同协作组成的各种工具和规则的体系。

学材按技能形成单元模块，使学生在学习和训练中逐渐形成各单项能力，最后形成综合职业能力和关键能力，形成专才加通才的人才培养模式，使高职教育的适应性和针对性有机结合。

4.4.3.3 内容新颖性

由于技术的迅猛发展，尤其是城市道路交通监控系统，融合多门学科，知识结构复杂，技术更新快，使社会职业岗位的内涵和外延都处于不断的变动和提升之中，面向的岗位(群)具有较高的技术含量。岗位的流动、职业的变动要求就业者不断学习新知识、掌握新技术。为此，学材编写要充分体现知识新颖性原则，紧跟时代的发展，将新工艺、新方法、新规范、新标准编入学材，使学生毕业后具备直接从事生产一线技术工作和管理工作的能力。由于学材从立项、编写到出版，一般需要较长时间，所以学材内容往往落后于技术的发展，因此，在学材建设上，要把握本学科发展的方向和趋势。

4.4.3.4 表达易懂性

教学材料文字表述要简明扼要，通俗易懂，内容可通过图文并茂的形式来展现，突出重点和难点，要易于学生理解和掌握，易于技能训练，易于综合职业能力培养。

4.5 结论

高职课程要体现“高等+职业”的特点，课程体系的构建、课程标准的制定、学习材料的编制，都应该紧紧围绕以培养学生职业能力为中心来开展，内容的选取、顺序的编排、教学组织的设计，要符合“由外围到内核，由简单到复杂”的认知规律。四川交通职业技术学院交通安全与智能控制专业课程改革严格基于前面思路开展，完全打破了传统学科体系色彩，构筑起基于工作过程新的课程体系，并完成了课程标准和学习材料的编写与出版，成效显著。

第5章　教学方法改革

5.1　教学方法概述

教学方法是教师和学生为了实现共同的教学目标,完成共同的教学任务,在教学过程中运用的方式与手段的总称。

首先它是指具体的教学方法,从属于教学方法论,是教学方法论的一个层面。教学方法论由教学方法指导思想、基本方法、具体方法、教学方式四个层面组成。教学方法包括教师教的方法(教法)和学生学的方法(学法)两大方面,是教法与学法的统一。教法必须依据学法,否则便会因缺乏针对性和可行性而不能有效地达到预期的目的。但由于教师在教学过程中处于主导地位,所以在教法与学法中,教法处于主导地位。教学方法不同于教学方式,但与教学方式有着密切的联系。教学方式是构成教学方法的细节,是运用各种教学方法的技术。任何一种教学方法都由一系列的教学方式组成,可以分解为多种教学方式;另一方面,教学方法是一连串有目的的活动,能独立完成某项教学任务,而教学方式只被运用于教学方法中,并为促成教学方法所要完成的教学任务服务,其本身不能完成一项教学任务。与教学方法密切相关的概念还有教学模式和教学手段。教学模式是在一定教学思想指导下建立起来的为完成某一教学课题而运用的比较稳定的教学方法的程序及策略体系,它由若干个有固定程序的教学方法组成。每种教学模式都有自己的指导思想,具有独特的功能。它们对教学方法的运用,对教学实践的发展有很大影响。现代教学中最有代表性的教学模式是传授—接受模式和问题—发现模式。

5.2　教学方法概念

5.2.1　中外对教学方法的不同界定

由于时代的不同,社会背景、文化氛围的不同,以及研究者研究问题的角度的差异,使得中外不同时期的教学理论研究者对“教学方法”概念的界定自然不尽相同。

5.2.2　教学方法不同界定之间的共性

(1)教学方法要服务于教学目的和教学任务的要求。

(2)教学方法是师生双方共同完成教学活动内容的手段。

(3)教学方法是教学活动中师生双方行为体系。

5.2.3　教学方法的内涵重点

教学方法,是教学过程中教师与学生为实现教学目的和教学任务要求,在教学活动中所采取的行为方式的总称。

教学方法的内在本质特点包括以下几点：

(1)教学方法体现了特定的教育和教学的价值观念,它指向实现特定的教学目标要求。

(2)教学方法受到特定的教学内容的制约。

(3)教学方法要受到具体的教学组织形式的影响和制约。

5.3 教学方法的分类

教学方法的分类就是把多种多样的教学方法,按照一定的规则或标准,将它们归属至一个有内在联系的体系。

5.3.1 国外学者的教学方法分类模式

5.3.1.1 巴班斯基的教学方法分类

巴班斯基教学方法的依据是对人的活动的认识,认为教学活动包括了三种成分,即知识信息活动的组织、个人活动的调整、活动过程的随机检查。把教学划分为三大类:第一大类为"组织和自我组织学习认识活动的方法";第二大类为"激发学习和形成学习动机的方法";第三大类为"检查和自我检查教学效果的方法"。

5.3.1.2 拉斯卡的教学方法分类

拉斯卡教学方法的分类依据是新行为主义的学习理论,即刺激—反应联结理论(教学方法—学习刺激—预期的学习结果)。依据在实现预期学习结果中的作用,学习刺激可分为A、B、C、D四种,据此相应地归类为四种基本的或普通的教学方法。

第一种方法:呈现方法。

第二种方法:实践方法。

第三种方法:发现方法。

第四种方法:强化方法。

5.3.1.3 威斯顿和格兰顿的教学方法分类

威斯顿和格兰顿的教学方法依据教师与学生交流的媒介和手段,把教学方法分为四大类:教师中心的方法,主要包括讲授、提问、论证等方法;相互作用的方法,包括全班讨论、小组讨论、同伴教学、小组设计等方法;个体化的方法,如程序教学、单元教学、独立设计、计算机教学等;实践的方法,包括现场和临床教学、实验室学习、角色扮演、模拟和游戏、练习等方法。

5.3.2 中国学者建构的教学方法分类模式

5.3.2.1 李秉德教授主编的《教学论》中的教学方法分类

李秉德教授按照教学方法的外部形态,以及相对应的这种形态下学生认识活动的特点,把中国的中小学教学活动中常用的教学方法分为五类。

第一类方法:"以语言传递信息为主的方法",包括讲授法、谈话法、讨论法、读书指导法等。

第二类方法:"以直接感知为主的方法",包括演示法、参观法等。

第三类方法:"以实际训练为主的方法",包括练习法、实验法、实习作业法。

第四类方法:"以欣赏活动为主的教学方法",例如陶冶法等。

第五类方法:“以引导探究为主的方法”,如发现法、探究法等。

5.3.2.2 黄甫全教授提出的层次构成分类模式

黄甫全教授认为,从具体到抽象,教学方法是由三个层次构成的。第一层次:原理性教学方法。该方法解决教学规律、教学思想、新教学理论观念与学校教学实践直接的联系问题,是教学意识在教学实践中方法化的结果。如启发式、发现式、设计教学法、注入式方法等。第二层次:技术性教学方法。该方法向上可以接受原理性教学方法的指导,向下可以与不同学科的教学内容相结合构成操作性教学方法,在教学方法体系中发挥着中介性作用。如讲授法、谈话法、演示法、参观法、实验法、练习法、讨论法、读书指导法、实习作业法等。第三层次:操作性教学方法。该方法指学校不同学科教学中具有特殊性的具体的方法。如语文课的分散识字法、外语课的听说法、美术课的写生法、音乐课的视唱法、劳动技术课的工序法等。

5.4 高职教育常用的教学方法

5.4.1 讲授法

讲授法是教师通过简明、生动的口头语言向学生传授知识、开发学生智力的方法。它是通过叙述、描绘、解释、推论来传递信息、传授知识、阐明概念、论证定律和公式,引导学生分析和认识问题。运用讲授法的基本要求是:①既要重视内容的科学性和思想性,同时又要尽可能地与学生的认知基础发生联系。②应注意培养学生的学科思维。③应具有启发性。④要讲究语言艺术。语言要生动形象、富有感染力,清晰、准确、简练,条理清楚、通俗易懂,尽可能音量、语速适度,语调抑扬顿挫,适应学生的心理节奏。

讲授法的优点是教师容易控制教学进程,能够使学生在较短时间内获得大量系统的科学知识。但如果运用不好,学生学习的主动性、积极性不易发挥,就会出现教师满堂灌、学生被动听的局面。

5.4.2 讨论法

讨论法是在教师的指导下,学生以全班或小组为单位,围绕教材的中心问题,各抒己见,通过讨论或辩论活动,获得知识或巩固知识的一种教学方法。其优点在于,由于全体学生都参加活动,可以培养学生间的合作精神,激发学生的学习兴趣,提高学生学习的独立性。一般在高年级学生或成人教学中采用。运用讨论法的基本要求是:①讨论的问题要具有吸引力。讨论前教师应提出讨论题和讨论的具体要求,指导学生收集阅读有关资料或进行调查研究,认真写好发言提纲。②讨论时,要善于启发引导学生自由发表意见。讨论要围绕中心,联系实际,让每个学生都有发言机会。③讨论结束时,教师应进行小结,概括讨论的情况,使学生获得正确的观点和系统的知识。

5.4.3 直观演示法

演示法是教师在课堂上通过展示各种实物、直观教具或进行示范性试验,让学生通过观察获得感性认识的教学方法。是一种辅助性教学方法,要和讲授法、谈话法等教学方法结合使用。运用演示法的基本要求是:目的要明确;现象要明显且容易观察;尽量排除次要因素或减小次要因素的影响。

5.4.4 练习法

练习法是学生在教师的指导下巩固知识、运用知识、形成技能技巧的方法。在教学中，练习法被各科教学广泛采用。练习一般可分为以下几种：①语言的练习。包括口头语言和书面语言的练习，旨在培养学生的表达能力。②解答问题的练习。包括口头和书面解答问题的练习，旨在培养学生运用知识解决问题的能力。③实际操作的练习。旨在形成操作技能，在技术性学科中占重要地位。

5.4.5 参观教学法

组织或指导学生到育种试验地进行实地观察、调查、研究和学习，从而获得新知识或巩固已学知识的教学方法。参观教学法一般由校外实训教师指导和讲解，要求学生围绕参观内容收集有关资料，质疑问难，做好记录，参观结束后，整理参观笔记，写出书面参观报告，将感性认识升华为理性知识。参观教学法可使学生巩固已学的理论知识，掌握最新的前沿知识。参观教学法主要应用于各种植物品种改良技术的工作程序、后代选择方法和最新研究进展等方面内容的教学。参观教学法可以分为：准备性参观、并行性参观、总结性参观。

5.4.6 现场教学法

现场教学法是以现场为中心，以现场实物为对象，以学生活动为主体的教学方法。本课程现场教学在校内外实训基地进行，主要应用于育种试验布局规划、试验设计、作物性状的观察记载方法等项目的教学。

5.4.7 任务驱动教学法

任务驱动教学法是教师给学生布置探究性的学习任务，学生查阅资料，对知识体系进行整理，再选出代表进行讲解，最后由教师进行总结。任务驱动教学法可以以小组为单位进行，也可以以个人为单位组织进行，它要求教师布置任务要具体，其他学生要积极提问，以达到共同学习的目的。任务驱动教学法可以让学生在完成“任务”的过程中，培养其分析问题、解决问题的能力，以及独立探索及合作精神。

5.5 我国高职教学方法改革存在的问题

5.5.1 高等职业教育教学方法理论研究体系不够完善

纵观10年来我国高等职业教育教学方法研究历程，在研究的深度和广度上，和西方现代职业教育还存在一定的差距，对若干理论问题缺乏科学的界定和分门别类的研究，完善的理论体系尚未形成。主要表现在：

(1)对西方现代高等职业教育教学方法的研究，缺乏完善的理论体系，人云亦云，许多学者都在同一层次上阐述同一个问题。

(2)对现阶段我国高等职业教育中普遍运用的典型教学方法研究力度不够，单纯就一种方法进行研究，缺乏系统的归类、比较与分析，虽然强调了高等职业教育教学方法的多样性，但忽视了综合性和互补性。

(3)对一些基本概念认识模糊,甚至出现歧义。例如,关于教学方法与教学模式、教学方法与教学方式、教学方法与教学手段等概念认识不清。

5.5.2 我国高等职业教育教学方法结构体系亟待健全

教学方法分类体系是否科学,直接制约着教师对教学方法的选择行为。我国现代意义的高等职业教育起步已有近10年的时间,在教学方法改革方面也进行了多方的探索,但至今还没有一个较为完善、科学的高等职业教育教学方法分类体系。主要表现在:

(1)分类依据不够科学。在高等职业教育教学方法的分类方面,注重教学外部形态和知识的呈现形式,忽视了教学目标与教学方法的关系,也忽视了高等教育对象的特殊性。

(2)教学方法更新不及时。一是沿用普通高等本科教育教学方法的现象普遍存在;二是未能将从国外引进的新职业教育教学方法有机地融入我国高等职业教育方法体系之中,教学方法的内容显得陈旧。

5.5.3 教学方法改革没有得到足够的重视

近年来,我国高等职业教育教学改革取得了显著成绩,但相对专业建设和课程建设而言,高等职业教育教学方法改革进展缓慢,没有形成自上而下的统一的行动,各级各类教育行政主管部门出于学校生存与发展的短期利益,把更多的精力和财力投入到专业建设和课程建设方面,从而忽视了对高等教育教学方法改革的投入。因此,高等教育教学方法改革长期以来处于徘徊不前的状态,日常的教学方法改革更多的是任课教师自发进行的一些探索和局部、点滴的方法革新,没有形成规模效应。

5.5.4 以教师为主体的教学模式制约了教学方法改革

由于我国高等职业教育受普通本科教育影响,主要采用"传递—接受"教学模式,教师的职能是"传道、授业、解惑",而其他类型的教学模式仍是辅助的,教师是课程计划的忠实执行者,学生只是被动地接受教师传授的内容,颠倒了现代教育理念中的师生关系。现代教育教学方法的内核是强调学生的中心地位,教师的作用是指挥、引导、协调。这种套用普通本科教育的教学模式,在教学方法改革方面很难出现突破性进展。教学模式不改变,新的教学方法就难以实施。

5.5.5 传统的教学组织形式限制了现代教学方法的应用

由于我国高等职业教育大多是由普通专科教育改制而来,还有一些是普通本科院校设置的二级学院或职教系,因此,我国高等职业教育载体具有明显的普通教育的特性,教学组织形式主要延续普通教育的模式,采取班级授课制,以课堂教学为主体,而协作教学、现场教学、能力分组制、开放教学等组织形式没有应用于高等职业教育教学中,这就决定了高等职业教育教学方法仍然以讲授法为主,适宜高等职业教育教学目标的教学方法也因此没有被采用。

5.5.6 师资素质难以适应新的教学方法

在目前的高职教育师资队伍中,有相当一部分人是普通本科和专科的教师,专业课教师"双师"素质达不到应有的水平,而且在日常教学工作的运行中,专业理论课教师实践能力不高。教师智能结构单一,难以全面实施现代高等职业教育教学方法。现代职业教育教学方法理论教学与实践教学是一体化的,理论教学与实践教学是一个相辅相成的过程。例如行为导向教学法,既教理论,又教技能,理论教学与实践教学在同一个过程展开。

5.5.7 学科本位的课程与教材体系制约了教学方法的实施

教学方法指向特定的课程与教学目标,受特定课程内容所制约。教育的价值观决定课程的设置和教学目标的确定,同时也决定了教学方法的选择。此外,教学内容及教材与教学方法是统一的,方法总是特定教材的方法,教材总是方法化的。我国职业教育课程开发没有完全摆脱学科体系。高等职业院校尽管改革力度较大,但在课程内容构建以及整体结构上基本是本科课程的压缩版,课程改革没有明显的进展。学科体系的课程与教材往往只强调教师的主导作用而忽视学生的主体地位,这在思想观念上就给新教学法的引进和使用带来了很大的障碍。从学生的角度来说,在知识结构和学习能力上普遍缺乏对新教学法的适应;从教师的角度来说,实施新教学法需要应付两种不同的课程体系,是一件不容易的工作。

5.6 国外高职教育教学方法

现在国外职业教育发展很快,积累了丰富的教学经验,主要有三个流派。

(1)CBE 是以职业综合能力为基础(本位)的教育体系,流行于欧洲和大洋洲。它的基本特点是:以达到某一种职业的从业能力为教学目标。打破传统学科体系,以能力作为教学的基础。CBE 模式强调企业的需求和学生的主体作用,教学上灵活多样、最大限度地满足学生的需要。强调学生的自我学习和自我评价,充分发挥学生的主动性。实践证明,在 CBE 教学模式下,不同能力的学生不受时间和环境的限制,大多数学生能达到较高的成绩。

(2)MES 模式是一种就业技能模块式培训方法,这是发展中国家的培训方法,它的突出特点是:培训目标明确,除了一个总体目标外,每个模块和学习单元都有一个具体的学习目标。模块式培训方案便于灵活组合,同一培训方案可以由多种培训模块组成,根据培训的需要可以灵活使用学习单元,均可达到培训的目的。

(3)“合作培养”既是一种办学模式,也是一种教学模式。它是学校和企业共同合作完成对职业人才的培养。“合作”有利于校企之间的资源共享,有利于参加生产和实习,在实践过程中学习知识、培养技能。实践证明,此模式是一种运转灵活、优势互补的最佳职教模式,德国的“双元制”、新加坡的“教学工厂”等都属于这种模式。

5.7 教学方法改革思路

5.7.1 以学生为中心

对高职教育教学方法的改革,首先要从认为教师是教学的中心的传统理念中转变过来,应以学生为中心。

(1)教学过程既是教师教的过程,又是学生学的过程,更重要的应是学生的学习过程,应关注学生学到了什么。

(2)在教师和学生在教学过程中的角色上,学生在教学过程中应处于中心地位,是教学的主体。学生应该积极主动参加到学习过程中来,对自己的学习负责。教师对学生的学习起指导、引导的作用。

(3)在学习内容上,应强调学习要与将来所从事的工作相关联,即面向应用,培养胜任岗位工作的能力。学生不仅要学习知识(理论),还必须获得实践技能并会运用这些技能,发展自己的职业能力。

(4)在教学方法上,反对死记硬背的教学方法,提倡教师设计丰富多彩的教学活动,实现学生积极主动参与,体现学生是教学的主体。学生学习的场所不仅仅在学校,还应该有计划地安排学生到工作现场学习、实践,到社会调查研究。

(5)在学习结果的考核评估上,教学评估的目的是考核学生解决实际问题的能力,包括专业能力和职业能力。

以学生为中心的教学方法强调教师要充分关注学生的学习动机和学习态度,以学生获取能力(包含知识、技能、态度)为出发点和落脚点,深入了解学生先前的知识背景、学习欲望、学习能力和困难、技能展示水平的基础,帮助学生在学习前做好学习和实做准备。在对学习者学习需求进行分析的基础上,教师要设计各种灵活的教学活动来调动学生学习的积极性。比如实践练习、试验、技能展示、分组讨论等学习活动。教师通过科学、合理地利用教学资源(设备、教具、职场、多媒体课件、信息手册等),为学生设计并提供适宜的学习环境,将理论学习和动手实践结合起来,把开展学习活动作为学生能力形成的主要途径,并让学习者理解教师对学习结果评估的意义和作用,使其能够积极参与教学过程。

5.7.2 以能力为本位

传统教育中,学生把学习的知识不断储存在大脑中,教育是以学生储存的知识多少为目标。由于这种知识是人类对历史经验的积累和总结,这种科学的、系统的学科体系具有极大的概括性,所以在教学中往往片面地重视现代化的、抽象的概念和推理,因而传统教育培养的是知识型人才。能力本位原则是指在行动导向型教学中学生的一切学习活动都是以提高能力为目标。学生的学习活动首先应提高学习的能力,并把所学的知识通过脑、心、手的联合作用在轻松愉快和潜移默化的过程中,不断地转化为能力,增长才干。能力本位要求充分正确地发挥人的能力,这里的"正确发挥"是指能力发挥的性质、方向、方式和目标。这自然要求以道德为前提,否则,能力越大越坏事。因此我们强调能力本位,也强调人的努力、道德品质和绩效。

一般来说,职业能力包括专业能力、方法能力和社会能力。专业能力是指从事专业工作所需要的技能与相应的知识,是学生毕业后胜任专业工作、走向社会赖以生存的核心本领。方法能力是指具备从事职业工作中所需要的工作方法和学习方法,包括制订工作计划、协调计划以及对自己的工作成果的评价、在工作中努力学习新知识的过程中具有的技术创新的能力。社会能力是指在工作中和学习中的积极性、独立性和与他人交往的能力,以及组织表达和社会参与的能力。

特别要强调的是,在这种教学模式的实施过程中,教师对目标的追求,不是把现成的知识技能传递给学生,而是指导学生去寻找得到这个结果的途径,最终通过自身的努力得到这个结果,在此过程中培养学生的各种能力。这里所指的能力已不仅是知识能力或者是专业能力的狭义含义,还有获取新知识的方法能力,同时还涵盖了与人合作、交流、表达的能力以及发现职业机会、设计实现人生计划的社会能力。这三个维度的能力通过相互联系、相互作用,共同构建起全方位的行动能力。

5.8 基于行动导向的教学方法改革

传统的教学方法是单向的灌输式，教师和教材是权威，学生被动接收，很容易产生厌学情绪。研究表明，听课只能接受20%的知识，看音像资料可以接受30%的知识，动手做能够掌握80%的知识。可见“在做中学”是高效的学习方法。行动导向的教学方法就是要颠倒传统教学方式下教师和学生的位置，变学生的被动学习为主动学习。

行动导向的教学方法最初是由德国提出来的，所谓行动导向，是指“由师生共同确定的行动产品来引导教学组织过程，学生通过主动和全面的学习，达到脑力劳动和体力劳动的统一。”它重点强调的是对人的关键能力的培养。所谓关键能力，是指从事任何职业都需要的、适应不断变换和飞速发展的科学技术所需要的一种综合职业能力。“行动导向”教学法主要包括头脑风暴法、卡片展示法、案例教学法、角色扮演法、项目法、引导课文法、模拟教学法等方法。由于“行动导向型”教学法注重培养学生分析能力、团结协作能力、综合概括能力、动手能力等综合能力，并极大地拓展学生思考问题的深度、广度，同时“行动导向型”教学法能更早地让学生接触到工作中遇到的问题，并运用已有的知识解决它，适用于职业教育。

行动导向以培养人的综合职业能力为目标，以职业实践活动为导向，强调理论与实践的统一，为学生提供体验完整工作过程的学习机会。行动导向的教学一般采用跨学科的综合课程模式，不强调知识的学科系统性，重视“案例”和“解决实际问题”以及学生自我管理式学习。教师的任务是为学习者提供咨询帮助并与其一道对学习过程和结果进行评估。

若分析其本质特征，从角色上看，“行动导向”强调学生是学习过程的中心，教师的作用发生了变化，从知识的传授者转变成为一个咨询者、指导者和主持人，从教学过程的主要讲授者转变为学生的学习伙伴。从教学理念和教学内容上看，“行动导向”强调培养学生形成解决特定工作岗位实际问题的技术应用能力，以特定工作岗位的职业活动为依据，综合各科的知识和技能，根据教学目标分类要求，形成以培养职业能力为目标的教学内容。从教学方法上看，“行动导向”立足于引导学生，启发学生，调动学生的学习积极性，使学生在学习过程中由被动学习变为主动学习，在教学手段上强调多种教学媒体的综合运用，让学生在形象、仿真的环境中，主动去思维和探索，评价和检查学生分析和解决问题的能力。从教学组织形式来看，“行动导向”强调让学生在真实或接近真实的工作情境中进行职业活动的实践。在教与学的过程中，在老师引导下由学生共同参与，共同讨论，共同承担不同角色，在互相交流的学习过程中使问题最终获得解决。解决问题的过程就是学生学会学习的过程，也是学生获得经验的过程。老师可以将教学内容中设计的问题提前交给学生小组，要求每一个小组的同学参与到从信息收集、计划制订、方案选择、目标实施、信息反馈到成果评价的全部过程。这样，学生对每一个具体环节都会有所了解，并从中得到能力的提高。

采用行为导向教学方法手段有利于高职人才培养，主要体现在以下几方面。

(1)有利于学生创造能力的形成。采用行为导向教学的案例分析法可以扩展学生的眼界，使原先的“死记硬背”不复存在，替代的是自由的讨论，这给学生潜能的发挥提供了广阔的空间。在讨论中，答案不再是唯一的，而是多样化的；答案不再是静态的，而是动态的；答案没有最好的，只有更好的。

(2)有利于学生独立工作能力的形成。采用行为导向教学的项目教学法可以提高学生独立工作的能力。按照项目教学法的要求,所有6个环节都是由学生独立完成的,学生独立地获取信息,制订方案,作出决定,实施方案,反馈信息,评价成果,通过这样的反复训练,碰到新的任务时,就不会再束手无策,有助于学生独立能力的形成。

(3)有利于学生协调能力的形成。采用行为导向教学的模拟教学法可提高学生的协调能力。学生在模拟办公室中或者在模拟公司里工作,需在采购部门、销售部门、仓储部门、会计部门、管理部门之间轮岗,每一工作岗位都要和不同的对象进行合作,而且合作的方式不一样。比如在采购部门,面对不同的供应商,需做好正确的选择;在管理部门,面对工作人员的不同方案,需作出正确的决策;在会计部门,面对延迟交款、拖欠交款等各种情况,需作出相应的对策。

(4)有利于学生应变能力的形成。采用行为导向教学的角色扮演法可提高学生的应变能力。学生担任不同的角色,面对不同的对象,必须在瞬间作出回答,面对不断出现的新情境,需迅速地作出准确的应答。比如接待顾客,有学生扮演营业员,有学生扮演顾客,扮演营业员的学生,要面对不同层次、不同类型、不同风格、不同爱好的顾客,就不能采取划一的应对方法。

(5)有利于学生综合职业能力的形成。综合地应用以上多种方法可提高学生的综合职业能力。行为导向教学法注重学生独立完成任务的能力,通常一个综合性的任务,总是要涉及多种多样的学科知识,比如学习营销技术,就要涉及营销学、管理学、法律学、计算机、心理学的知识,通过一个一个工作任务的完成,学生不再是一门门学习单一学科的知识,而是获得了综合知识,是相对完整的一块综合的知识团。

5.9 教学方法改革成效

四川交通职业技术学院的交通安全与智能控制专业教学方法改革,以学生为中心,着眼于学生的能力培养,进行了一系列的教学改革,如对《高速公路收费系统应用与维护》课程进行改革,基于工作任务选取了课程内容:按照高速公路收费站收费人员、系统维护人员的工作任务选取课程内容,尽量减少不必要的陈述性知识,增加过程性应用训练。基于认知规律安排授课顺序:按照由外围向内核的认知规律安排授课顺序为站级收费系统结构认识→车道收费操作→设备拆装→设备日常保养→系统常规维护→站级收费系统结构及功能描述。基于“做学合一”实施课程教学:依托高速公路联网收费系统学习训练区,按照“理实一体,做学合一”的思路组织教学,将知识融入实践,做到“做中学,学中做”,激发学生学习的积极性、主动性和创造力。

设计的课程实施过程如表5-1所示。

传统的教法以知识传授为主,辅以专周实训,学科味较浓,理论与实践差距较大,学生动手操作少,没体现出以学生为主体,不利用激发学生学习的积极性和创造力,不利用学生职业能力的形成。

新的教法以项目为载体,结合岗位工作任务,依托收费系统真实情境,“理实一体,做学合一”,将知识融入实践,让学生“做中学,学中做”,有利用于激发学生学习的积极性和创造力,有利于学生职业能力的形成。同时,任务分独立完成和团队完成,考评方式有方案,有描述,有现场操作,有自我点评,有利用于培养学生团队协作、交流沟通、表达和写作能力。

课程实施过程设计 表5-1

学习情景/项目/模块	主要教学方法/手段	教学形式	实训条件	提交成果
学院高速公路收费系统优化改造	项目教学	理实一体	具有车辆通行收费的全套设备、相关专用工具和主要计量器具	收费系统结构图； 四川省高速公路联网收费系统调查报告； 学院收费系统优化方案； 改造后正常运行的收费系统
学院高速公路收费系统保养维护	项目教学	理实一体	具有车辆通行收费的全套设备，常用的检测、检验设备，相关专用工具和主要计量器具	系统保养服务； 系统维护服务

5.10 结论

教学方法是教师和学生为了实现共同的教学目标，完成共同的教学任务，在教学过程中运用的方式与手段的总称。教学方法有多种分类，高职教育的主要教学方法有讲授法、讨论法、直观演示法、练习法、任务驱动教学法等，但因各种原因，实际上采用的教学方法还是很陈旧，不利于职业能力的培养。交通安全与智能控制专业教学方法改革，做到了"以学生为中心，以能力为本位"，按照"理实一体，做学合一"的思路组织教学，将知识融入实践，做到"做中学，学中做"，激发学生学习的积极性、主动性和创造力。

第 6 章　教学评价改革与实施效果

6.1　我国高职教育教学质量评价现状分析

6.1.1　教学质量评价体系基本形成

6.1.1.1　提出了明确的指导思想

教育部在《教育部关于全面提高高等职业教育教学质量的若干意见》中提出，高职教育作为高等教育发展中的一个类型，肩负着培养面向生产、建设、服务和管理第一线需要的高技能型人才的使命。在教学质量评价上，虽然各高职院校依据自身客观条件的不同会有各种相异的教学评价制度，但在指导思想上均以此为指导，从而保证高职教育实现其目标。

6.1.1.2　形成了一系列教学质量评价制度

教学质量评价制度是高校教学质量评价体系高效运行的基本保障。各高职院校形成了有自身特色的一套教学质量评价制度，譬如校（院）级领导听课制度、教学督导制度、教学检查制度等，基本做到了“有法可依”，这对保证高职教学质量不断提高起到了重要的作用。

6.1.1.3　明确了从事教学质量评价工作的人员

经调查发现，现有高职院校基本形成了由教务处、系、教研室构成的三级教学质量评价模式，从事教学质量评价工作的人员大部分属于兼职，包括教务处、系及相关部门的管理人员和教学经验比较丰富的教师，另外还有部分离退休老教师和学生代表。

6.1.1.4　构建了评价指标体系

高职院校基本形成了有自身特点的教学质量评价指标体系，涉及教师的教案、教态、教学资料、上课板书、教学内容、教学方法、课后辅导、作业批改答疑、学生的反映等，根据对教学的重要程度赋予各指标不同的权重和分值。

6.2　教学质量评价体系存在的不足

6.2.1　缺乏“以人为本”的指导思想

在教学质量评价指导思想上，主要偏重程式化的评价模式，而缺乏“以人为本”的思想理念，忽视教学的个性化和创造性以及教师、学生在评价过程中的积极作用，对教师的专业发展和学生完善人格的培养缺乏足够的重视。

6.2.2　评价主体功能缺失

教学质量评价结果的科学与否，与评价主体参与的广泛和深入程度息息相关。在目前高职院校教学质量评价工作中，组织者和评价者往往热情高，积极参与，而与教学质量密切相关的教师和学生则往往积极性不高,教师处于被评价地位,由于个体或其他原因对教学质量评价工作的意义认识不足,积极性不高,甚至有抵触心理;学生往往因为对教学质量评价重视程度不够,认为与自己不相干,存在应付现象,从而参与教学质量评价不积极、不深入。

6.2.3 指标体系不完备

教学质量评价工作的效能之所以没有得到充分的发挥,很大程度上与指标体系的不完备有直接关系。各高职院校现行的教学质量评价指标体系往往存在一些共性的不足。

(1)评价指标一旦制定,即使教育教学情况发生了变化,也很少修改。

(2)评价指标倾向于对教师进行终结性的评价,较少关心教师的业务发展。

(3)评价指标专业针对性不强,具有一定的片面性。

(4)评价指标过于宽泛,缺乏可操作性,从而降低了评价结果的信度和效度。

6.2.4 评价反馈机制不健全

教学质量评价的目的在于为教育教学改革提供信息支持,改进教学工作,加强课程建设,促进教师队伍成长建设。而在现实工作中,教师对教学质量评价结果不够重视,仅仅以评价结果作为教师晋升职称、评选优秀等的依据,从而使评价结果丧失了促进教学工作发展的作用;没有建立相应机制,不能及时有效地将相关信息反馈给教师或将有关评价信息反馈给教师,与教师沟通不够,未能形成促进教师业务发展的举措。

6.3 教学评价改革思路

6.3.1 实施全过程教学质量评价

从宏观上讲,现代教育理论认为,"现代教育作为一个系统,整体性越来越强。它的各个组成部分和各个方面相互依存,联系越来越密切。"而从微观上讲,"教学模式是局部和整体的统一。教学活动有各种教学要素,这些要素通过教学模式形成有机的、稳定的整体体系。教学模式作为教学活动的稳定的整体结构,把相对分散的教学要素统一起来,把局部的联系综合为系统联系。"作为整体的现代教育教学体系,各个环节、各个要素都是必需的,在整个教学过程中相互作用,都对教学质量产生一定的影响,因此教学质量评价要求从教学全过程考查所涉及的所有要素。

从系统观点来看,教学作为一个人工系统,是一个有机的整体,它不是各个部分的机械组合或简单相加,教学体系的整体功能是各要素在孤立状态下所没有的。要素之间相互关联,构成了一个不可分割的整体。要素是整体中的要素,如果将要素从系统整体中割离出来,它将失去要素的作用。所以评价教学活动的质量应该从教学体系整体、整个教学过程入手,获取全面的评价结果。

在努力构建社会主义和谐社会的新形势下,高职教育担负着培养面向生产、建设、服务和管理第一线需要的高技能型人才的使命。高职院校要针对学生特点,培养学生的社会适应性,教育学生树立终身学习的理念,学会交流沟通和团队协作,提高学生的实践能力、创造能力、就业和创业能力。这就要求高职教育必须以学生为本,提高教学活动的效能。为推动高职教育改革进程,提高高职教育教学质量,教育部2006年在《教育部关于全面提高高等职业教育教学质量的若干意见》中提出“高等职业院校要强化质量意识，尤其要加强质量管理体系建设，重视过程监控……”，突出强调高职教育改革过程中要提高对教学质量、对教学全过程的评价的重视。

6.3.1.1 树立科学的教学质量评价观

“高等职业学校的质量观既不同于普通本科学校学科本位的质量观，又不同于基础教育的知识本位质量观，也不同于单纯能力本位的质量观，高等职业学校的质量观是以社会职业能力为核心，知识、能力、素质相统一，面向社会实践的质量观。”高职教育教学工作作为以社会职业能力为核心、多元化的创造性的培养人的活动，其进行教学质量评价有自身的特点。

6.3.1.2 充分认识高职教学的应用性

高职教育作为职业教育的高级阶段，比一般性的技能性职业教育层次水平高，与普通高等教育相比具有职业性教育的特点。高职教育要培养的是社会主义现代化建设需要的高技能专门人才，体现在教学活动中的一个突出特点即其应用性，强调培养学生的实际生产操作能力。因此，教学质量评价必须充分体现高职教学这一本质特征。

6.3.1.3 高度重视高职教学的时效性与实效性

高职教育肩负着培养面向生产、建设、服务和管理第一线需要的高技能人才的使命，教学活动必然要和我国社会主义现代化建设密切相关，紧跟时代步伐，充分体现经济和社会发展的即时需要和未来需要，教学目标、教学内容、教学方法、教学手段等均需体现这一要求。

高职教育的历史使命决定了教学必须强调实际效能，体现所服务区域内的经济社会发展的实际需要。第一线需要的高技能人才的培养最终要回归到教学活动中。各种教学活动均应指向这一使命，必须有利于提高学生的综合素质和相应能力水平；每个教学环节要实现的教学目标、培养学生的某种能力必须是十分明确而有效的。教学质量评价作为促进教学发展的重要手段，应该增加对高职教学这一特性的重视。

6.3.1.4 促进高职教学发展的可持续性

传统的教学质量评价重视的常常是评价的鉴定性和奖惩性功能，采用的是总结性评估，关注的是评估结果。这种评价方法并不能促进教学的执行主体——教师改进自己的工作，“高校教师在教学事务中应当而且事实上享有相当广泛的自主权”，随着教学质量评价的深入，应向形成性、发展性评价发展，即应进一步明确教学质量评价关注的对象——教学的可持续发展，这是高职教育教学发展的必然趋势。一方面，教学对象——学生的社会属性决定了高职教育教学必须满足社会需要，社会需要本质上是对学生的素质要求，即要求学生具备可持续发展性；另一方面，教学执行者——教师是提高教学质量的根本，关注教师的未来发展，促进教师的自我提高和完善是教学质量评价的重要任务。

6.3.1.5 突出以人为本的时代性

以科学发展观为指导，促进高职教育教学改革与发展，要求必须以人为本，人的全面发展是改革与发展的最终目的。因此，教学质量评价的根本目的不在于奖惩或划分等级，而是通过贯穿教学过程始终的评价不断发现问题、改进教学质量，促进师生全面发展。这既是教育教学发展的最终目标，也是时代进步的必然要求。

6.3.2 建立常态化的教学质量评价制度

教学质量评价是促进教学改革，提高教学质量的重要手段，教学质量评价制度化是教学发展的必然要求。教学本身是一个发展的、动态的、开放的系统,是不断发展变化的连续的过程,因此,教学质量评价制度的制定应体现教学的这一特点,建立经常化、连续化、体系化的教学质量评价制度。

6.3.2.1 经常化的教学质量评价制度

传统的教学质量评价一般在一个阶段或学期结束后进行,对教学的整体效益或有效性作出鉴定。这种评价制度造成教学评价与教学活动脱节,不能全面反映教学活动的实际情况。经常化的教学评价制度要求把教学质量评价作为教学的一个环节,贯穿教学活动始终。从事教学评价的人员在不影响正常教学秩序的前提下,尽量多地采集教学过程的信息点,进行分析、评价、总结。采集的信息点越多,越有利于提高教学质量评价的信度。

6.3.2.2 连续化的教学质量评价制度

教学过程作为一个不断发展变化的连续的过程,在不同的阶段有不同的结果呈现,因此,仅仅一个时间点或某一个教学环节的评价结果不能全面反映教学活动,只有在连续的过程中多次进行评价得出的结论才是可靠的。在教学质量评价中,充分发挥过程评价的作用,对提高教学质量评价工作水平具有重要意义。

6.3.2.3 体系化的教学质量评价制度

教学质量评价是为了促进教学质量的提高,促进教师、学生的发展进步,因此,教学质量评价应被视作一项体系化的工作。首先,教学质量信息的收集要考查影响教学质量的各个方面,不仅需要教学管理部门付出努力,而且需要广大教师、学生、教辅部门、毕业生、用人单位等共同协作,保证教学质量信息收集广泛全面、准确可靠。其次,充分发挥多种媒介作用,建立畅通、迅捷的教学质量信息传输渠道。除采取传统的问卷、周报表、听课等方式外,还可以充分利用现代网络技术,通过网络传输相关信息。再者,对所收集的信息进行分析、总结。这一环节对教学质量评价工作至关重要,需要建立专门的教学信息处理机构,对教学质量信息进行多方面的分析、处理、总结。最后,对信息处理的结果进行及时反馈。在处理反馈信息中应注意反馈的方式,对于正面的评价信息,宜以公开书面方式反馈,激励教师不断提高教学质量;对于负面的评价信息,应从保护被评价教师的自尊心和形象出发,采取个人谈话等方式进行,以形成内心的激励机制为目的。同时还要注意反馈的效果,应与被评价教师进行积极的经常性的沟通,共同制订改进教学的措施。

6.3.3 实施评价主体多元化

随着科学技术的进步和哲学思维空间的拓展,教学活动越来越复杂,所以,高职教学要建立有效的教学质量评价体系,必须使教学质量的评价主体多元化,对教学进行全方位、多角度的考查和评估。

6.3.3.1 校内多元评价

专家评价就是在院校内由各专业教学经验丰富的专家组成教学督导组,通过听课、检查教学文件等形式对教学进行评价,评价结果比较有参考价值。教学管理人员进行教学检查一方面可以直接了解教学的实际情况,另外管理者进行的检查还可以提高教师对教学质量的重视程度。教师互评是由各教学单位的教师在本单位内部或各单位之间交叉听课、交流教学文件,对上课情况、教学水平、学术水平等进行评价。同行之间彼此比较了解,因此结论比较准确。学生评价越来越受到重视,学生既是教学活动的对象,也是教学活动的主体,自始至终参与教学的全过程,因而他们最了解教学的情况,并且学生评价一般不受评价使用目的影响,同时采取无记名的方式进行评价,评价结果比较可靠。教辅人员的评价主要是从辅助教学的角度参与教学过程,发现问题,向教学管理部门反映,同时可与任课教师沟通。

6.3.3.2 校外多元评价

政府、教育管理部门主要是通过确认高职教育机构从事专业活动的资格,维持高职的基本质量标准,核定高职院校的办学效能,鉴定有关高职教育活动的优劣,评定其质量等级,从而引导高职教育教学活动的发展方向。

6.4 交通安全与智能控制专业教学评价改革成效

四川交通职业技术学院交通安全与智能控制专业和专业群在学院领导下,开展了有高职教育特色的教学质量监控机制与保障体系研究和构建的工作,保证了教育的质量。

6.4.1 构筑起科学合理的质量保障体系

通过建设,实施过程监控,企业、学生参与评价,构筑起一套科学合理的质量保障体系。依照学院相关管理办法,建立了教学运行机制,建设了教学质量监控制度,从入学教育、校内学习、常规管理,到校外实习、顶岗锻炼、毕业设计、毕业跟踪调查,实现了全程监控管理,做到了事前有计划,实施有方案,过程有记录,事后有总结。对人才培养质量评价,打破教师"一言堂"的传统评价方式,实行了企业、学生共同参与评价;打破学习成绩仅靠一纸考试的评价形式,实行形成性评价与总结性评价相结合、理论与实践评价相结合的评价方式。

如《高速公路收费系统应用与维护》课程,对教学评价进行了改革,采用形成性评价、总结性评价相结合的方式进行教学评价。形成性评价是在每一个子项目内容完成后,对学生的学生任务完成质量、团队协作和学习态度进行评价;总结性评价是在每个大项目完成后,对学习目标总体完成情况进行评价。

形成性评价主要以操作考核为主,结合提交书面作业进行;总结性评价考核以提交报告和总结为主,结合笔试进行。

考核形式采用学生自评 + 小组互评 + 教师评定相结合进行。

根据考核评价思路,各任务模块评价如表 6-1 所示。

各任务模块评价 表 6-1

序号	任务模块	评 价 目 标	评价方式	评价分值
1	高速公路收费系统认识与描述	学院收费系统结构图绘制正确,语言描述准确; 使用普通话按规定完成收费操作,关键环节操作无误,进站不超过 8s,出站不超过 15s; 能按规定进行收费管理,关键环节操作无误; 正确描述收费操作及管理规程	形成性评价	30
2	四川省高速公路收费站收费系统调查	调查计划合理、可操作; 调查报告内容完整真实,格式规范,表述清晰	形成性评价	10

续上表

序号	任务模块	评 价 目 标	评价方式	评价分值
3	高速公路收费系统优化方案制订与实施	改造计划合理、可操作； 优化方案表述清晰，内容完整； 改造操作规范，无设备损坏，事后系统运行正常	形成性评价+总结性评价	20
4	高速公路收费系统保养维护	大设备拆装操作规范，无设备损坏； 保养维护计划合理，记录齐全； 系统保养维护操作规范，无设备损坏，事后系统运行正常	形成性评价+总结性评价	40
合计				100

6.4.2 构建了教学质量监控与保障机制

6.4.2.1 建立了有效的教师管理机制

(1)培训制。对新教师进行岗前培训，学习教育理论、教师职责和规章制度，熟悉教学环节。

(2)试讲制。每名新教师上岗前必须试讲，经教研室同行专家通过才能正式走上讲台。

(3)导师制。制订详实的培养计划，为每个新教师指定一位教学经验丰富的老教师作为指导教师。老教师进行示范教学，传授教学方法和教学经验，负责相关教学思想、方法、内容、教学环节的“传帮带”，言传身教，潜移默化。严格导师听课制度，并及时将意见反馈。

(4)交流制。加强与兄弟院校的学术交流。包括：走出去，参加各种新方法、新理念、新技术的培训、学习和交流；请进来，请有关知名专家到学校传经送宝。

(5)实践制。教师到企业顶岗和挂职锻炼每年不得少于1个月，目前已有6名教师通过企业锻炼和考试的方式取得了高级工程师、高级车工、工程师等职业资格证书。

(6)鼓励科研与进修。鼓励青年教师完成研究生课程学习，目前四川交通职业技术学院该团队中有在读博士研究生2名，在读硕士研究生4名。

(7)聘任聘用制。专任教师实行技术职称评聘分开，建立由企业技术人员、技术能手兼职教师资源库。

(8)考核制。要求青年教师开展业务学习，写读书笔记、教学心得体会、论文等。做到期初有计划，期中有检查，期末有考核。

6.4.2.2 完善了教师考评机制，激励约束到位

实施积极的教师评价制度，努力促进教师专业成长，更好地促进专业发展。建立积极的教师考评激励制度，用制度管人，调动教师的主观能动性。制订教师工作考评办法，做好三个管理：计划管理、过程管理、质量管理。建立完备的跟踪评价档案，使每一位教师的工作以量化的方式记入档案，每学期期末将业务培训、教学能力、专业建设、科研教研成果、学生素质培养纳入评价体系。实行评聘分开，爱岗敬业与培养发展挂钩，教学能力与教学工作量挂钩，教学质量与岗位津贴挂钩，职称晋升与科教研成果挂钩，最大限度地调动广大教职工的积极性。

6.4.2.3 实行专业班主任制度

为适应管理的需要，发挥教师在指导学生科学选课、专业发展、关心学生健康成长等方面

的积极作用,实行专业班主任制度。

6.4.2.4 建立听课和教学督导制度

开展定期听课以及各教学环节质量检查和评价工作。督导组通过检查性听课、参与教学质量评估、督查各教学运行环节、抽检各类教学档案,及时了解教与学的情况,对教学过程进行督查,在教学质量监控中发挥不可替代的作用。由督导组对骨干教师、青年教师进行动态跟踪评价,全过程掌握教学效果和质量,有效促进教师教学质量的提高。

6.4.2.5 加强各专业间的互评

加强各专业在教学工作方面的自评、互评活动,组织各系领导与所属的教研室教师开展相互听课活动。

6.4.2.6 建立学生监督机制,实行学生评教制度

组织班级学生信息员工作,发放《学生教学调查表》,征求学生对教学方面的意见。坚持每学期通过教学评价系统对任课教师进行课堂教学质量评估,对沟通教与学,促进教学质量的提高起到了良好作用。

6.4.2.7 实行毕业生毕业调查反馈制度

组织对离校毕业生进行问卷调查,从教学的各个方面设置问题,让经过三年大学生活的学生对学校有进行客观评价,并对问卷进行统计和分析,从而发现办学中的问题和不足。

6.4.3 过程监控,落实到位

根据教学目标和教学原则,通过教学质量控制与保障,对教学工作开展情况及质量进行检查与控制,从而进一步稳定教学秩序,保证专业培养计划的实施,达到教学预期效果。

6.4.3.1 建立完善各项过程监控制度

针对教育教学规划、培养计划、教学建设、人力资源、教学设备、教学准备与实施、学生管理和日常教学检查进行监测和控制的规章制度。

6.4.3.2 加强过程督促

落实教学质量监测和检查的组织机构、人员,制订具体的教学质量控制计划。根据规章制度中已制定的质量评判标准和相应的监测点有效开展教学质量监测和控制工作。严格执行各项规章制度,保证各教学环节质量标准的实施。对严格执行教学质量标准、教学优秀的教师进行表彰和奖励;对执行不严、不按规范进行教学的教师,通过通报、告诫等方式进行批评教育,使教师教学的质量意识得到了增强,提高了教师执行各项教学质量标准的自觉性。

6.4.3.3 制订教学质量检查计划,定期开展教学质量检查

教学质量检查贯穿教学工作全过程,把经常性检查和阶段性检查紧密结合起来,有计划地进行。每学期按时间分为期初检查、期中检查和期末检查,以期中检查为重点。

(1)期初检查。

检查各专业培养计划、教学大纲、授课计划等教学文件的准备落实情况;检查教师对课程的准备情况,完成全课程的详案,以及开学两周的简案。

实践教学检查,检查实践教学的各类指导书、实践教学的各类报告、记录,以及各门课程的试验计划和各实训专周的工作计划,检查试验、实训设备的准备情况;各教研室的工作计划。

(2)期中检查。

期中检查主要包括:对教学管理工作、教师教学工作、学生学习情况的检查;各专业培养计划、教学大纲、授课计划、教学改革计划执行情况;各教研室教研活动开展情况和工作计划实施情况;以各教研室普查,系(部)抽查的方式检查教师的教案、作业布置和批改、辅导答疑等情况;召开教师及专业或年级座谈会,检查和了解教与学的情况,开展“学评教”和“教评学”活动,并听取对学院教学管理工作的意见和建议。

(3)期末检查。

期末检查主要包括:各课程与实训环节、教学改革计划执行情况;教研室的工作记录和工作总结;以教研室普查,系(部)抽查的方式检查教师一学期教案,作业布置与批改情况,教师听课表;试验、实训、实习、课程设计、毕业设计(论文)与答辩等实践教学工作情况,以及试验、实习、课程设计等成果。

新学期准备工作,包括制订、修订专业培养计划、教学大纲,教师配备、编制授课计划,落实教材等。

期末工作包括考后阅卷、成绩汇总和传递、任课教师填写考试质量分析表等情况。

通过建设,我们认识到要保证高职教育人才培养质量的提高,必须树立新型的人才培养质量观,构建具有高职教育特色的高职教学质量监控机制与保障体系,并确保有效实施。

6.5 结论

针对当前高职院校教学评价存在的问题,四川交通职业技术学院交通安全与智能控制专业提出并实施了多元评价,过程监控,并配套建立和完善了相关机制和制度,有效地推动了教学评价改革,有利于相互监督、相互促进,提高了教学质量和学生培养质量。

第7章　实训基地建设与运行

高职院校实训基地分为校内实训室（基地）和校外实训基地，校外实训基地都处在生产过程中，不允许众多学生逐一频繁操作，不利于对每个学生进行职业技能的训练，所以院校要加强对学生职业能力的培养，就必须给学生构建一个基于工作过程的职业技能训练的操作平台，创造职业能力训练的环境和氛围。

7.1　校内实训基地建设的基本原则

以能力本位教育理念作为实训基地建设的指导思想，是高等职业教育决定的，也是高职院校人才培养模式的必然要求。认定这一教育理念就应当将其落实到实训基地建设的行动中去。沟通理念与实践原则，实训基地建设原则是指导高等职业教育实训基地建设的基本原则。基于能力本位的教育理念应当遵循仿真性原则、先进性原则、系统性原则、开放性原则、重点原则和功能原则。

7.1.1　仿真性原则

实训教学的主要功能是实现课堂无法完成的技能操作，有目的、有计划、有组织地进行系统、规范、模拟实际岗位群的基本技能操作训练。因此，试验实训基地应当尽可能贴近生产、技术、管理、服务第一线，努力体现真实的职业环境，让学生在一个真实的职业环境下按照未来岗位对基本技术技能的要求，得到实际操作训练和综合素质的培养。这就是高职院校基于能力本位的实训基地建设的仿真性原则。根据这一原则，实训基地建设需要考虑以下问题：其一，从厂房建筑、设备采购、管理水准、人员配置和要求、标准化以及质量安全等方面模拟或接近职业环境，充分体现生产现场的特点，具有针对性很强的、数量和场地足够的、与社会上实际的生产和服务场所尽可能一致的实训工位；其二，按照未来专业岗位群对基本技术技能的要求，对学生进行实际操作训练，帮助学生专业技能、技巧的形成，培养学生的技术应用能力；同时要具有可供训练的反复性，能给学生创造反复训练的机会，使学生在反复训练中不断提高技能熟练程度；其三，实训基地的结构与布局应使先进的设备适用于专业实践教学组织，适合学生的学习特点，并与学生专业能力的提高规律相适应，使实训教学贴近高科技企业的实际，更适应迅猛发展的高新技术对人才的要求，适合以能力训练为主，体现现代高技术的设计性试验和紧跟现代社会发展前沿的综合性生产训练，淡化原理性验证，具有较强的实用性。对于那些不能搬进实训室的大型流水线和重型设备应进行模块化、模拟化、仿真化处理，使之既具备实物的一切特征，又能放在实训室里作为训练对象，既有助于教师的讲解，又能使学生感受到以往课堂上无法感受到的那种职业氛围。应该指出的是，高职院校实训基地建设遵循“仿真”而不是“全真”性原则，是由于学校教育有别于企业生产现场的缘故。如果按照“全真”性原则进行实训基地建设，除了学校缺乏相应实力之外，即使有能力建成一个小型工厂，也不能够保证进行有效的实训教学。例如，曾经有学校想建一个小型制药厂来代替实训基地，通过论证，最终放弃了这一想法。因为建成小型制药厂进行药品生产，必须严格按照国家药品生产规范进行作业，并保证药品生产的质量与安全。在这种情况下，指导教师和学生很难按照实训教学大纲的内容要求、教学进度和教学节奏进行实训。

7.1.2 先进性原则

高职院校的实训基地建设必须具有丰富的高科技内涵和跟踪技术前沿的特征，具有一定的先进性，教学场地的构建、设备设施的配备、管理模式的构建等都应具有一定的前瞻性，能够代表本行业技术应用发展趋势，尽可能体现专业领域的新技术、新工艺，在未来3～5年内能体现先进的技术手段，使学生在实训过程中，学到和掌握本专业领域先进的技术路线、工艺路线和技术实际应用的本领，达到高等职业技术人才培养目标层次逐步提高的要求。这一要求就是高职院校的实训基地建设的先进性原则。学生今天掌握的技术关系到他们明天的就业，他们一旦掌握设备的性能和使用技术，那么毕业后就能较早地具备一定的技术优势，有利于他们的就业和个人发展。引进先进的实训设备还可有效地推动课程建设，提高教师的业务水平。所以，建设实训基地，一方面要求学校领导不仅对实训教学的意义有充分的认识，另一方面要求学校领导应当具有发展的眼光和对学生高度负责的精神。但是，强调先进性，也不能盲目追求高、精、尖，过分超前的先进性，是脱离实际的，也会造成不必要的资源浪费。在适用、够用基础上的先进性才是可行的。目前，未能达到先进性要求是我国高职院校实训基地建设普遍存在的弱点。按先进性要求建设，就是按高标准实施。学校的经济实力往往难以支持因先进性要求涉及的大额投资，同时管理水平也不适应。因此，真正实现实训基地建设的先进性要求在现实中不是一件容易的事。这些设备是给学生训练用的，使用频率高，要求设备必须安全、方便、可靠、适用，不应片面追求高、精、尖、洋。这就需要开发研制人员既要有扎实的理论基础，又要有丰富的实践教学经验，能根据实际需要开发实训设备和模块。

7.1.3 系统性原则

实训基地建设的依据是产业、行业、企业等提出的培养目标中的能力项目和能力标准。强调基地建设(硬件)是为软件服务的，是为培养目标中能力培养项目和标准服务的。因此，整个实训基地建设要有系统的观念，要遵循系统性原则。在实施中注意处理以下问题：

其一，考虑充分利用有限资源问题。在教育资源有限的条件下，实训基地建设应当考虑最大限度地节约资金，尽可能使所建设的实训基地具有较强的适用性，能进行多学科的综合实训，相关专业尽可能通用。

其二，考虑软硬件配套要求。实训基地建设必须使相关的教学硬件和软件配套，以提升实训基地的内涵水准。硬件建设是指实训设施和装备的建设，软件建设是指实训基地管理和实训教学体系的建设，包括管理体制、管理方式和管理手段的创新，也包括教师培养、课程体系建设以及教学组织管理的创新等。

其三，考虑实训的多功能要求。高等职业教育的实训基地的功能应包括高等应用型人才培养，职业技术教育师资培养，终身教育与创业教育培训，职业技能培训、考核、鉴定，高新技术开发、应用、推广等。因此，实训基地建设必须统筹规划，进行多功能设计。

7.1.4 开放性原则

新形势下高等职业教育的实训基地在环境和总体设计上要具有开放性。也就是说，实训基地不仅是为校内学生提供基本技能实训的场所，而且是能够承担本专业领域中各级各类职业技能培训任务，为社会提供多方位服务，成为对外交流的窗口和对外服务的基地。实训基地必须具有开放性，即面向学生、行业、企业和社会开放。特别是校内实训基地，不仅可以为本校学生提供实践训练场所，还可以为社会上相应行业、岗位的在职人员提供培训。国家现在要求各个工种职业岗位实行持岗位技术资格证书上岗。实训基地最有资格成为这些高技术资格证书的指定培训点及考点，为社会提供多方位的服务，成为对外交流的窗口和对外服务的基地，构建学校与企业、社会的良好沟通渠道。同时，由于实训基地（特别是校外实训基地）的建设和双师素质教师的聘任，学校与企业的联系更紧密了，社会对人才的要求和生产发展的动向可以及时地反馈到学校来，学校根据这些信息调整教学，能使高等职业技术教育改革更及时、准确地反映经济的发展和社会的进步，而学校也及时将科技方面的成果及学校办学的有关信息与社会沟通，有利于科技成果向生产力转化。此外，一个成熟的实训基地还必须融入社会的终生教育体系，这也是落实开放性原则的一个重要方面。

7.1.5 重点原则

实训基地建设是高职院校教学基本建设中一项高投入的项目，所需经费多，要充分利用有限资源，最大限度地节约资金，尽可能使所建设的实训基地适用性强，能进行多学科的综合实训。基地建设要做到统筹规划，量力而行，分步实施，与时俱进，既要立足当前，又要谋划好长远，做好实施方案。不同地区、不同类型的高职院校要根据本地区、本学校的实际情况，探索各具特色的实训基地建设模式。应把基地建设的重点首先放在学校的主干专业上，保证实践教学基地的高水平、高质量。

7.1.6 多功能原则

高职教育实训基地的功能是多元的，包含实践教学功能、研发功能、社会服务功能等。实训基地必须既是培养高等应用型人才的场所，又是职业技术教育师资培养单位，是高新技术开发、应用、推广基地，是终身教育培训、职业技能培训、考核、鉴定的依托，并为相关专业实训提供服务。实训基地在内容安排上要具有综合性，使学生通过实训不仅掌握本专业的核心技术和技能，而且熟悉和了解与专业相关的技术和技能。得到基本能力、基本技能和职业综合素质的全面训练。

7.2 校外实习基地建设

校外顶岗实习基地主要是以企业的生产与管理单位为依托，为高职教育提供实践培训与技能指导，由学校与企业达成合作协议，共同完成教育教学过程，其拥有相对齐全而先进的设备、一线劳动者的丰富经验，有利于培养学生的职业素养。

7.2.1 可以降低办学成本

建设高质量的学校实训基地需要大量的资金，一方面，学校实训基地要占用大量土地和建筑资源；另一方面，购置、维护先进的生产设备及技术支持的费用也相当高。在办学经费有限的情况下，学校寻求与企业的合作，利用企业的资金、技术等资源优势建立实训基地，就能够把有限的资金用于建立高素质的教师队伍和完善教学基础设施上。

7.2.2 有利于学生实际操作技能的提高

学生在企业实训基地实训，不仅可以较快地提高职业技能水平，还可以掌握先进设备的操作方法。工作在生产第一线的企业员工有着丰富的实践经验，他们当中不乏既掌握先进理论又拥有较高职业技能和创新能力的高素质人才，学生可以直接接受企业高素质人才的指导和熏陶，有利于学生的成长。

7.2.3 有利于学生职业精神的养成

高等职业教育强调学生综合职业素养的提高。综合职业素养不仅包括“物化的职业技能”，还应包括“非物化的职业精神”。职业精神是一个比较宽泛的概念，既包含个人的敬业精神以及模范遵守行业的职业道德、职业规范，也包含个人对企业文化、企业理念的领会和融入。现代企业对员工的培训早已不再局限于职业技能上，很多企业都成立了企业文化部或类似部门专门负责对员工职业精神的培养。学生在企业实训基地实训可以融入企业氛围之中，学习优秀员工良好的职业精神，感受独特的企业文化。

7.2.4 有助于拓宽学生就业渠道

高职院校对学生的培养要始终以就业为导向，最终实现学生职业素养与企业岗位要求零距离的目标。然而，由于很多高职院校未能充分重视学生培养的实训环节，没有建立高效的实训基地，造成毕业生理论性强而实践动手能力差，学生的职业素养达不到企业的要求，削弱了企业接收高职毕业生的积极性。而学校与企业合作建立企业实训基地，学生在最真实的环境中实训，可以按照企业的要求最大程度地提高自己的职业素养，最大程度地满足企业的用人要求。特别是当学校与企业建立了稳固的合作关系之后，企业可长期接收合作院校的毕业生，实现“订单式培养”，从而促进学生顺利就业。

7.2.5 能够促进高职院校自身的发展

社会发展与市场需求是高职院校专业、课程及教学建设的依据，只有与企业紧密联系，学校才能建立科学的人才培养体系。学校教师与企业专家可以共同制订培养目标、专业和课程实施及教学计划等，提高教学改革的针对性。特别是实训教学环节的教学大纲、教材、教学计划以及专业岗位技能要求的制订等，更有待于企业的帮助。此外，企业实训基地还可以承担起培养“双师型”教师的工作，学院有计划地选派教师到企业实践、考察，让教师参与企业实训基地的建设，鼓励教师参加职业技能培训并取得相关技能等级证书，这是高职院校建设“双师型”教师队伍的有效形式。

7.3 交通安全与智能控制专业实训基地建设与运行

加强校企合作，根据人才培养方案要求、课程与教学改革需要，结合现有实践教学资源，通过改扩建和新建方式，建设共享型校内生产性实训基地和校外顶岗实习基地。将校内实训基地建设成为专业特色显著，专业群资源共享，集教学、职业技能培训与鉴定，以及相关认证考试为一体的校内实训基地。

7.3.1 加强了校内实训室(基地)建设

交通安全与智能控制专业人才培养面向的服务领域是高速公路方向、城市交通方向、车载系统方向和安全管理方向,实践教学条件也应该对应这四个服务方向来搭建,根据专业实际,将校内实训室(基地)分为室内与室外两类实训室(基地)。室内实训室(基地)为学生单项技能或强化技能提供硬件平台;室外实训室(基地)以校园内路网为地理平台,按"理实一体,做学合一"的教学理念规划布置,建设一个全功能、现代化的智能交通控制系统,涵盖监控系统、通信系统、收费系统。在对校园内交通进行智能化管理的基础上,为学生实训提供一个真实的平台,满足"做中学,学中做"的专业技能训练要求。

几年来,四川交通职业技术学院交通安全与智能控制专业改扩建实训室(基地)2 个,新建实训室(基地)4 个,新建校外实训基地 16 个,建成省级重点实验室 1 个。通过建设,实训教学条件得到了全面改善,为学生实践动手能力的培养提供了教学保障,基本形成了满足教学需要的校内实践教学环境,如图 7-1 所示。

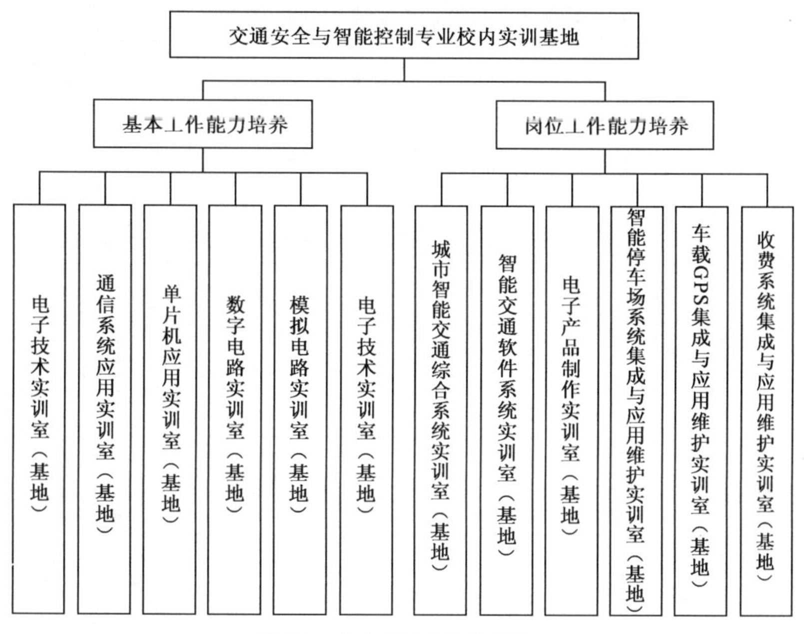

图 7-1 校内实训基地组成图

建设后的实训环境体现了以下特点:

(1)实训装备水平高。几年来,四川交通职业技术学院先后投入 600 余万元在交通安全与智能控制专业实训室建设上,在全国高校中,成为率先建立起全真高速公路联网收费系统实训基地、全真智能停车场系统实训基地、全真智能交通监控系统实训基地、全真的车载 GPS 系统实训室的学校。通过建设,建成 6 个基础实训室(基地)、6 个专业实训室(基地)、搭建起 1 个四川省唯一的公路交通安全高校重点实验室,成功引入 1 家企业入校,形成了一个"装备水平高,环境全真实"的实训平台。

(2)实训平台功能全。基础实训室(基地)融"试验、实训、实习、技能鉴定"功能为一体,既可以开展学生专业技能训练,又可以开展职业技能鉴定,还可以为学生创新活动提供服务。专业实训室(基地)融"训、教、研、产、管、服"功能为一体,高速公路联网收费系统实训基地与四川省高速公路联网收费系统软硬件保持一致,同步升级,实现训教与生产无缝对接,不仅满足了教学要求，还为四川省各高速公路公司先后培训员工3000余人次，同时还可以开展职业技能鉴定；智能停车场系统实训基地，本身就是一个智能停车场，不仅满足教学要求，还为学院提供了停车管理服务；智能交通监控系统实训基地，与校园安防监控系统有效对接，不仅满足了教学要求，还为学院提供了交通安全智能管理服务，同时还可以为企业提供产品测试、技术研发、人员培训服务；车载GPS系统实训室，不仅满足了教学要求，还提供了车辆定位导航和智能调度管理服务；公路交通安全重点实验室，不仅满足了教学要求，还为四川省公路交通安全提供了技术开发、科技项目服务；驻校企业，不仅满足企业生产，还为学生生产性实习、教师顶岗锻炼提供了机会。

四川交通职业技术学院交通安全与智能控制专业2009年生产性实训占实践教学环节的比例从原来的23%增加到了85.71%，2009届、2010届毕业生半年顶岗实习比例均已达到100%，毕业证"双证书"取得率达到100%。

专业基本技能训练阶段实训教学运行如表7-1所示，职业核心能力培养阶段实训教学运行如表7-2所示。

专业基本技能训练阶段实训教学运行表　　表7-1

能力训练目标点	支持的学习训练区	开展的实训项目
能进行计算机操作系统应用和维护； 能进行计算机硬件组装与维护； 能使用Office办公软件； 能进行局域网组建与维护	智能交通软件学习训练区	实训1　Windows桌面个性设置 实训2　Windows窗口与菜单操作 实训3　文件和文件夹操作 实训4　应用程序的使用 实训5　控制面板设置 实训6　自荐信的制作 实训7　课程表的制作 实训8　请柬的制作 实训9　生成书籍目录 实训10　学生成绩报告单的制作 实训11　新生报名登记表的制作 实训12　销售记录的制作 实训13　学生成绩统计表的制作 实训14　各门课程分析图的制作 实训15　学校简介演示文稿的制作 实训16　电子贺卡的制作 实训17　安装与配置网络协议 实训18　IE浏览器的使用与设置 实训19　发送和接收电子邮件 实训20　使用Outlook2003收发邮件
知道PLC硬件组成及系统特性，能进行设备选型； 能利用指令系统和典型子程序进行简单程序设计； 能对典型控制系统进行设计与故障诊断； 能进行PLC通信	单片机及PLC学习训练区； 自动控制应用学习训练区	基础实训项目： 实训1　彩灯电路设计与实现 实训2　生产线产品计数 实训3　电梯控制 实训4　交通灯控制 综合实训项目： 实训1　搬运单元调试 实训2　加工单元调试 实训3　安装单元调试 实训4　安装搬运单元调试 实训5　检测单元调试

续上表

能力训练目标点	支持的学习训练区	开展的实训项目
知道 PLC 硬件组成及系统特性,能进行设备选型; 能利用指令系统和典型子程序进行简单程序设计; 能对典型控制系统进行设计与故障诊断; 能进行 PLC 通信	单片机及 PLC 学习训练区; 自动控制应用学习训练区	实训 6 立体仓库单元调试 实训 7 MPS 系统整体调试 实训 8 触摸屏画面制作 实训 9 组态王系统设计 实训 10 机器人创新设计

职业核心能力培养阶段实训教学运行表 表 7-2

能力训练目标点	学习训练区	开展的实训项目
能够辨别和检测电子元器件; 能够独立识别电路图; 能够设计制作简单的电工电子产品; 能够进行电工电子产品的常见故障诊断与排除	电子产品制作学习训练区; 电工基础、电气测量训练区	电子产品制作实训: 实训 1 电子产品装配 实训 2 电子产品调试 实训 3 电路板焊接 实训 4 电子元器件整形 实训 5 电子元器件测试 电工基础实训: 实训 1 电源外特性测试 实训 2 叠加原理验证 实训 3 戴维宁定理 实训 4 电阻、电感、电容串联交流电路分析 实训 5 电感性负载与电容器并联的交流电路分析 实训 6 单相变压器性能测试 实训 7 三相负载的星形联结 实训 8 三相负载的三角形联结 实训 9 三相电动机的连接及测试 实训 10 直流电桥的使用 实训 11 交流电桥的使用 实训 12 搭铁电阻测试
能够独立完成智能交通系统工程施工图纸的设计与绘制	智能交通软件学习训练区	实训 1 绘图软件的认识与使用 实训 2 智能停车场设备施工图设计与绘制 实训 3 智能停车场管线图设计与绘制 实训 4 智能交通监控综合布线图设计与绘制
能够进行高速公路机电工系统的集成和应用维护,包括: 描述机电系统的功能、特点,发展趋势; 描述机电设备的组成、结构、功能特点、技术指标及安装注意事项; 能根据案例,分析某路段机电系统建设的功能需求、管理体制等,根据教师提供的参考方案,选择和优化出系统集成方案; 描述机电系统的施工规范和建设流程; 能根据施工方案,按照施工工艺及规范,进行外场基础施工; 能遵照施工图纸,进行系统设备安装、接线与调试;	收费系统集成与应用维护学习训练区	实训 1 车道、收费站主要收费设备的认识 实训 2 车道收费设备的安装与调试 实训 3 收费站收费设备的安装与调试 实训 4 收费软件的安装及配置(IC 卡收费系统) 实训 5 计重收费系统的集成 实训 6 收费系统的调试 实训 7 收费操作 实训 8 收费系统的维护保养

续上表

能力训练目标点	学习训练区	开展的实训项目
能完成系统软件的安装、调试； 能按照系统建设技术指标，进行系统联合调试，填写调试记录，编制竣工文件； 能制订培训内容和计划，并按计划对业主进行专业培训； 能根据机电系统日常维护内容，对系统进行日常保养维护，并编制维护报告； 能根据故障诊断方法，制订经济的维修方案，处理简单的系统故障，编制维修报告	收费系统集成与应用维护学习训练区	实训1 车道、收费站主要收费设备的认识 实训2 车道收费设备的安装与调试 实训3 收费站收费设备的安装与调试 实训4 收费软件的安装及配置(IC卡收费系统) 实训5 计重收费系统的集成 实训6 收费系统的调试 实训7 收费操作 实训8 收费系统的维护保养
能够在项目实施前，对工程现场进行勘察，绘制施工图，制订施工计划； 能够根据施工图和施工规范要求，进行前端系统管线敷设及通断测试； 能够按照规范要求，进行前端设备安装调试和相关电气性能测试； 能够根据要求，进行系统联机调试； 能够按要求操作相关应用软件； 能够对系统关键设备进行日常保养维护； 能够对系统常见故障进行诊断与排除； 能够协助编写招投标文件	城市智能交通综合学习训练区	实训1 城市道路交通监控执法系统认识 实训2 交通数据检测 实训3 机动车违法闯红灯自动检测记录系统集成与应用维护 实训4 机动车违法闯红灯自动检测记录系统(硬件+高清方式)集成与应用维护 实训5 机动车超速行驶定点雷达检测记录系统集成与应用维护 实训6 机动车视频卡口系统集成与应用维护 实训7 机动车违法禁左检测记录系统集成与应用维护 实训8 机动车违法逆行检测记录系统集成与应用维护 实训9 LED户外大屏显示系统应用与维护 实训10 信号灯控制系统应用与维护 实训11 视频监控系统及传输系统应用与维护 实训12 中心管理系统集成与应用维护
能够进行智能停车场系统应用集成和维护，包括： 能编写投标书的技术标(含系统方案设计和设备选型)； 编制施工文件； 按照施工文件布线施工，进行系统硬件安装接线与调试、系统软件安装与调试、系统统调与试运行； 能组织人员进行施工，能进行施工质量和进度控制； 编制竣工资料，将系统交付业主验收、进行业主培训； 进行系统日常维护和故障排除，编制维护报告	智能停车场系统集成与应用维护学习训练区	实训1 智能停车场系统布线施工 实训2 智能停车场系统设备安装、接线与调试 实训3 智能停车场系统软件安装 实训4 智能停车场系统软件日常操作 实训5 智能停车场系统管理员操作 实训6 智能停车场系统调试
能够对车辆定位与导航系统进行实现与运用，包括： 协助系统工程师编写硬件解决方案； 协助系统工程师编写软件解决方案； 组织技术人员按照解决方案对车载终端设备进行安装接线与调试、监控软件安装与调试； 能对车辆进行入网监控； 能解决售后的软硬件技术问题； 进行系统日常维护和故障排除，编制维护报告； 进行车载终端设备常见故障维修； 进行车载终端新进设备测试	车载GPS集成与应用维护学习训练区	实训1 车载定位与导航系统综合认识 实训2 汽车电路认识 实训3 车载GPS终端设备安装 实训4 车载GPS终端设备调试 实训5 车载GPS监控软件使用 实训6 车载GPS终端设备故障检测与维修

7.3.2 加强了校外实习基地建设

加强校企合作,根据学生人数和专业服务领域,选择一定数量专业对口的有一定规模的企业,建立校外实训基地,确保学生有半年以上的顶岗实习工作经历,实习比例达到100%。与企业合作建立顶岗实习运行机制,建立专、兼职教师与企业导师构成的顶岗实习指导小组,负责学生实习的组织、安排、指导和考核工作;同时,根据企业的需求,及时调整顶岗实习的指导方案和计划,保证学生顶岗实习的针对性和实效性,确保学生顶岗实习的顺利进行。校外实训基地及顶岗实习情况见表7-3。

校外实训基地及顶岗实习情况　　表7-3

公 司 类 别	实训/实习项目	可接收学生数(人)
高速公路运营	高速公路机电系统建设、运用与维护	20
车载终端	车载终端产品的生产、安装与维护、技术支持	20
智能交通系统集成	系统集成、应用、维护、技术支持	30
交通智能产品设计制造	产品制造、装配、测试、技术支持	20

目前,已建立稳定的校外实训基地16个,并开展了良好合作,切实为学生顶岗实习和教师挂职锻炼创造了宝贵条件,取得了可喜成果。成功安排学生分别到成都绕城高速公路(西段)有限责任公司、成都成温邛高速公路有限责任公司、四川凯玛电气有限责任公司、四川科友电器有限责任公司进行了生产性实训。

在实训前,学校老师和企业领导、专家充分交流,共同制订了详细可行的实训计划,同时,企业也安排了经验丰富、工作能力和指导能力强的技术人员作指导教师,并严格按企业员工标准要求学生。学生进入企业后,迅速进入企业员工的角色,顶岗进行生产性实训。通过实训,丰富了学生的理论知识,培养了其实践技能,使其了解了企业生产管理流程,增长了见识,为以后学习工作奠定了职业基础。

部分学生还参与了成都曙光光纤网络有限公司的国家级工程项目。他们在老师的带领下,远赴甘肃省天水市麦积区党川镇宝天高速公路机电系统建设工地,在工程师和技术人员的指导下,学习实践了高速公路机电系统的安装、调试,锻炼了吃苦耐劳的精神,提高了职业素养。师生在实训中的表现受到了成都曙光光纤网络有限公司的好评,其中有8名学生被该公司提前预订录用,其中有3名学生被破格提升为三级项目经理。

7.3.3 加强了实训基地内涵建设

在大力加强实践教学硬件环境建设的同时,也加强了实训基地内涵建设,围绕如何用好、管好优质资源,加强实训环境规划、布局和管理,加强了实训项目的开发与应用,先后制定了《实践教学工作条例》、《实践教学过程管理》、《学生实训守则》、《实训室常规管理制度》、《实训室安全管理办法》、《实训室教学事故认定和处理暂行规定》、《实训室仪器设备损坏、丢失赔偿制度》、《实训室指导教师职责》、《工具设备管理员岗位职责》、《贵重精密仪器的管理和维修制度》、《校外实训基地管理办法》、《学生顶岗实习管理办法》、《专业建设委员会运行机制》等,确保了实训室(基地)的正常运转和实践教学的质量。

7.4 结论

高职院校实训基地分为校内实训基地和校外实训基地。校内实训基地应该尽可能按照工作真实环境搭建,具有真实职业氛围,这有助于学生职业能力的培养和职业素质的养成。校外实训基地应侧重于学生顶岗实习和教师挂职锻炼。交通安全与智能控制专业实训基地建设,基于"理实一体,做学合一"的理念,新建和改扩建了一批技术先进、功能齐全的校内实训基地,并成功实现了引企入校,积极与企业开展多方位、多层次合作,建立起一批稳定的校外实训基地。同时,校企合作,建立起学生顶岗实习和教师顶岗锻炼机制,加强了学习训练区内涵建设,完成了实训项目相关文件的编写工作。通过建设,实训教学条件得到了全面改善,为学生实践能力的培养提供了教学保障。

第 8 章　教学团队建设改革

高职院校办学水平的高低,培养学生质量的优劣,师资水平起着至关重要的作用。因此,合理配置教师资源,建设一支数量充足、素质优良、结构合理的高质量的高职教学团队,不仅是高职院校提高教育教学质量、形成办学特色的根本保证,也是全面贯彻落实科学发展观的具体要求,是实现高职教育人才培养目标的关键,也是高职教育人才培养模式改革能否成功的关键。

高职院校可通过下厂挂职、进修培训、人才引进、聘用兼职等多种途径加强师资队伍建设,使师资结构得到优化,形成了结构合理的初级、中级和高级三个层面的"双师素质"与"双师型"教师队伍。初级层面对应助教级的教师,要求能够讲授理论实践一体化的课程、指导学生实训,对所授专业相关的社会实践有整体的了解。中级层面对应讲师级的教师,应具备扎实的专业知识、专业技能,掌握所授专业相关行业动态,能够独立承担学生实训指导和理论实践一体化课程设计,参与或独立承担技术应用课题研发,能够根据行业和职业的发展变化,对本专业建设提出有价值的建议。高级层面对应副教授以上的教师,应具备较深专业造诣和较强的专业技术应用能力,能够主持行业(职业)调查和专业分析等一系列活动,对专业课程的设置和调整、专业的变化方向及实践教学创新等提出建设性意见,并能主持理论实践一体化课程开发、实践教学创新课程开发课题或技术应用开发项目,从而为高职人才培养作出较大的贡献。同时,四川交通职业技术学院聘请了一批生产一线的技术人员,建立了一支实践经验丰富、具有较高教学水平、相对稳定的兼职教师队伍,对保证人才培养质量发挥了不可或缺的作用。

8.1　教学团队建设的目标和任务

8.1.1　建设目标

以科学发展观为指导,认真贯彻《关于全面提高高等职业教育教学质量的若干意见》(教高[2006]16 号)文件精神,结合示范性高等职业院校建设项目的要求,围绕重点建设专业,以构建高素质"双师型"教师队伍为中心,以全面提升教师队伍专业素质为重点,深化人事分配制度改革,完善师资队伍建设管理制度与办法,出台师资队伍建设的激励性政策,建立有利于师资队伍建设的良性运行机制,建设一支规模适当、校企互通、专兼结合、结构合理、品德高尚、素质优良的教学团队。

8.1.2　建设任务

按照专业发展规划和专业学生规模,合理设计教学团队结构。出台引进或培养人才的政策措施,通过培养或引进方式保证专业有 2 名专业带头人、4 名骨干教师、8 ~ 12 名从企业或行业聘请的承担主要实践技能课的能工巧匠,使专职教师和兼职教师的比例接近或达到 1 : 1,安排中青年专业课教师到企业参加生产实践,鼓励专业教师参加职业培训和技能鉴定,获取职业资格证书,为教师真正参与企业生产、经营、管理等实践活动创造有利条件,不断提高教师技术应用能力和实践能力,加快“双师型”教师队伍建设。学校与行业企业共同打造一支校内外专兼结合、双师素质突出、双师结构合理、具有良好职业道德的优秀专业教学团队,满足高技能人才培养的需要。

8.2 当前教学团队存在的问题

随着高职教育的快速发展,各个学校普遍存在师资数量不足、结构不合理、“双师型”教师缺乏等问题。这些问题的存在,既有客观原因,也有主观原因。

8.2.1 教育理念滞后

高职教育培养的是高素质技能型人才,离开实践教学,提高教学质量只能是一句空话。高职院校多数教师是“从学校到学校”的工作经历,他们学到的知识也是从理论到理论、重书本轻实践、重学科性知识轻能力培养、重封闭管理轻开放教育,这种思想和习惯在教育领域十分常见。在高职教育领域,这是影响教育教学质量的最大障碍,因此必须解决思想认识问题,特别是职业教育理念问题。要认识到高职教育是一种社会越来越需要的高等教育类型,职业教育是一种贴近实践、贴进职业的教育,是学做统一的教育,是培养做事的人的教育,是在“做中学”、在“做中教”的一种新的人才培养模式。高职院校的教育管理者和教师必须更新观念,进一步明确高职院校的办学指导思想、人才培养目标和人才培养模式,提高重视实践教学的自觉性。

8.2.2 “双师”教师缺乏

高职院校的人才培养目标,对教师提出了特殊要求——双师素质。教师不但要具备一定的理论知识和扎实的教学功底,更需要具备较强的实践动手能力。尽管高职教育“双师型”教师队伍有了很大发展,但从总体上看,仍然落后于高职教育的发展要求,各高职院校“双师”队伍现状与教育部门提出的“专业基础课”和“专业课”中“双师”素质教师比例要达到50%的合格标准对照,仍有较大的差距。我国大规模发展高等职业教育仅仅10年左右的时间,多数学校办学时间不长,教师还是从学校到学校的年轻教师,即使有些教师拿到职业资格证书,实践能力与岗位需求相比仍还有较大的差距。从师资队伍的学历和职称情况看,高职院校与普通本科院校相比也存在很大差距。建设一支师德高尚、具有较高理论教学水平和较强实践能力、结构合理、素质优良的“双师型”教师队伍,是高职院校人才培养模式的客观需求。

8.3 建设措施

8.3.1 加强校内“双师”教师培养

“双师”素质,是指专业教师既具有较高理论水平又具有较强的专业实践能力。高职院校是以培养生产、建设、管理、服务第一线需要的高等技术应用型人才为根本任务。教育行政部门要建设若干高职师资培训基地,有计划地开展对高职教师的轮训工作。一方面是有针对性地对教师进行高等职业教育理论、现代教育技术的培训;另一方面是对教师的理论水平、实践能力和专业技能进行培训。高职院校要制订教师定期培训工作计划和有关的政策措施，鼓励支持教师参加培训和进修，定期分批对缺乏实践经验的专业教师进行普及实践技能的培训，安排相关教师到企业、实习基地、公司去锻炼，顶岗工作，提高实践能力，使教师把学到的知识在实践中得以验证，再运用于教学实践中。

企业生产第一线，是"双师型"教师的最好课堂，高职院校要在企业建立一批固定的实践锻炼基地，每年都有计划地安排教师到企事业单位进行专业实践，培训教师在企业可以担任管理人员、技术人员等职务。通过亲身实践，教师会积累大量教学中所需要的专业技能和相关实践经验。教师走出校门、到企业兼职，密切了校、企关系，使理论和实践有机结合；教师可为企业提供全方位的、强有力的技术支撑和服务，既强化了教师的科研能力，又锻炼了教师的实践技能；教师到企业就职，还可以参与企业的员工培训，开展科技服务、承担科研项目、提供技术咨询等，积极主动参加企业活动。教师通过到企业兼职，可提高自身专业技术水平和实践技能，不断提高"双师型"素质。

8.3.2 加强兼职教师聘任

当前，高职院校"双师型"教师严重不足，采用从其他学校调人的方法，又受到编制问题的限制；现培养需要一个过程，远水不能解近渴。一个好的办法是，学院可以聘请一定数量的、能独立承担某一门专业课理论教学或实践教学任务的企业及社会上实践经验丰富的专家、高级技术人员担任兼职教师或任客座教授，通过建设一支相对稳定的兼职教师队伍弥补专任教师队伍的不足，优化教师队伍结构。加大兼职教师比例，并逐步达到 1∶1 的专兼结构，提高行业企业专家兼职授课的比例。其形式既可以是举办系列讲座，指导学生毕业设计、毕业论文，也可以是参加课堂实践教学，及时了解企业的发展动态和人才需求情况，有针对性地调整和设置专业，合理开发课程，改革课程体系和教学内容，建立突出职业能力培养的课程标准，提高课程教学质量。

8.3.3 加强机制和制度建设

目前，高职院校多数教师仍采用传统教学方法，以理论教学为主，实践教学为辅，没有建立相对独立的实践教学评价体系。要提高实践教学水平，学校必须加强管理，制定一套有利于调动教师积极性和提高教学水平的规章制度和良好的激励机制。

8.3.3.1 建立科学的考评机制

高职院校必须制定严格的、切实可行的实践教学评价考核体系，在业务上对教师进行严格、科学的考核。可建立专家督导、管理机构评议、同行评价、学生评价四位一体、相互制约的评价考核机制，对每一名教师进行全方位考核。要以业绩考核为核心，由品德、知识、能力等要素构成考核评价指标体系。其考核结果，可作为选聘教师、评定专业技术职务、评先选优的主要参照。这就要求必须在高职院校引进竞争机制，在教师队伍中树立起竞争意识，打破平均主义的传统思想，使教师既有压力更有动力，这既有利于教师个人的成长，又有利于提高"双师型"教师队伍的素质。

8.3.3.2 建立有效的激励机制

激励的力量是无穷的。学校必须建立一套有效的激励机制，按照"按劳分配，优劳优酬；以岗定薪，岗变薪变；效率优先，兼顾公平"的原则，积极改革校内的分配制度，形成公平竞争、优胜劣汰、能上能下的良好局面。这种有效的激励机制,能充分调动广大教师从事教育教学工作的积极性。目前,个别学校不但没有采取鼓励实践教学的措施,还对实践教学课的课时津贴实行打折处理,这会严重影响教师上实践教学课的积极性。高职院校要建立起能促进"双师型"教师成长的激励机制,使"双师"型教师标准成为专业教师努力的方向,学校可根据实际情况制定有利于"双师型"教师成长的优惠政策,对获得"双师"资格的教师给予出国培训、进修、项目开发补贴、提高课时津贴标准等优惠待遇,让他们积极参与学校管理。通过这些措施以突出"双师型"教师的优势地位,从而激励广大教师以获得"双师"素质为荣,促进"双师型"教师成长。

8.3.3.3 制定可行的评聘政策

高职院校应充分发挥教师专业技术职务评聘工作的导向作用,根据上级有关高校教师专业技术职务评聘工作的文件精神,制定独立的考核办法,提高教师申报副教授、讲师、实验师职务的任职资格条件,重点考核专业教学、实践教学和科研成果的推广与应用,激励教师不断提高自身的综合素质和业务工作能力,进一步改善师资队伍的职称结构。学校可出台相关的政策措施,鼓励专业教师兼评相应的专业技术职称或考取相应的行业资格证书或所教授专业的技能等级证书。在同等条件下,优先考虑具有"双师素质"资格的教师申报高一级的专业技术职务。

8.4 交通安全与智能控制专业教学团队建设

8.4.1 建设目标与思路

根据专业发展实际,积极探索师资队伍建设机制,建立师资队伍管理制度,规划教师专业发展方向。依托现有的校内优质教学资源和成都深港路通科技有限公司、四川省高速公路结算管理中心等校外实训基地,以及四川省各高速公路公司和成都市交通委,通过安排教师参加职业培训、企业顶岗锻炼、开展企业技术培训与科技服务、聘请行业和企业专家担任兼职教师等方式,打造一支数量与结构合理、职教理念先进、课程开发能力和教学设计组织能力强、职业实践能力以及教研与科技服务能力强的"双师"结构团队。

培养专业带头人1名,聘请专业带头人1名,培养骨干教师4名,打造一支具备课程开发能力和教学设计组织能力、结构合理、数量适当、专业过硬的专兼职教师相结合的"双师"结构教学团队,"双师"素质教师比例达到85%;建成包括20名兼职教师的资源库。

8.4.2 建设内容

8.4.2.1 确定了教师任职条件

根据专业特点和高职教育教学要求,确定交通安全与智能控制专业教师任职条件。

(1)校内专任教师任职条件。

①热爱教育事业,有较强的事业心和责任感;具有所承担教学任务的业务能力和教学水平,并具有丰富的教学经验和实际工作能力;了解高等职业教育的教学特点,能够耐心地为学生学习提供多种服务;能够熟练运用多种媒体手段进行教学,教学方法新颖;能够严格执行专业教学计划和课程教学大纲,具有良好的职业道德和协作意识,遵守学校教学管理的各项规

定;符合《教师法》所规定的教师任职资格的基本条件。

②高职院校任课教师必须具有高校教师任职资格;具有本专业大学本科及以上学历,累计本专业实践年限不低于1年,具有所承担交通安全与智能控制专业课程的教学业务能力和专业水平;熟悉交通安全与智能控制技术行业发展状况,熟悉企业生产流程及相关操作规程,熟悉企业典型工作任务、专业内容,具有较丰富的实践经验。

(2)兼职教师任职条件。

兼职教师在本专业对应企业工作年限不低于5年,具有丰富的一线生产、经营、管理经验,能为教学注入强烈的职业信息;具有较强的实践动手能力和较为充足的理论知识;具有一定的教学组织与管理能力、语言表达能力,能独立承担所任课程教学任务。

8.4.2.2 制定了师资队伍建设机制

结合四川交通职业技术学院“十一五”发展规划和专业建设实际,参照学院人事相关管理办法,邀请行业专家和专业建设委员会一起修订师资队伍培养制度,完善教师聘请、考核与管理制度,制定了专业带头人、骨干教师选拔、考核及与管理办法,形成了一套行之有效的师资队伍建设机制。

8.4.2.3 选拔出专业带头人和骨干教师

(1)专业带头人选拔。

根据专业带头人选拔办法,从现有校内教师中选拔出1名职业教育理念新、专业技术水平高、专业技能强的教师作为专业带头人进行培养。根据专业群建设目标,主持专业建设,参加进修培训,到企业实践锻炼,组织协调校企合作,主持科技项目,主持教育教学改革等活动,着力提高其专业技能、提升专业技术研发能力,准确把握行业发展动态,在专业建设和科学教育研究中发挥指导和带头作用,并指导骨干教师成长,推进师资队伍建设。

从企业聘请1名具有高级技术职称、具备较高的理论知识水平和丰富的实践经验,在行业有较大影响力的专业技术人员作为专业带头人进行培养。通过参加职业教育培训,全面参与专业建设,主持科教研项目,着力加强其专业建设能力、课程开发能力及教学设计组织能力,使其在专业建设中发挥带头作用。

(2)骨干教师选拔。

根据骨干教师选拔办法,从现有校内教师中选拔出4名思想素质好、教学水平高、动手能力强、有一定实践经验、爱岗敬业、具有中级职称或研究生学历的中青年教师作为骨干教师进行培养。通过进修培训、到企业参加顶岗锻炼、参与科技服务项目和实训基地建设等活动,提高专业技能,积累实践经验;主持或全面参与课程建设,参加专业技术培训,参与教学改革项目等活动,增强教师职业教育理论基础,提高课程开发与建设、教学设计与组织能力,使其在专业建设中起到骨干作用。

8.4.2.4 开展了教师职业规划

根据专业建设与发展要求,结合规划“双师”结构团队的专业结构、职称结构、学历结构、年龄结构需要和教师自身情况,针对1名专业带头人和4名骨干教师,开展了职业生涯规划,明确了教师专业发展方向和目标。

8.4.2.5 培育了“双师”教学团队

一方面,加强了校内教师培养,通过参加进修培训,到企业顶岗锻炼,参与科教研项目,参与课程和实训条件建设等活动,增强了综合职业能力。其中,专业带头人陈斌博士参加智能交通世界大会 2 次，参加中国培训论坛 2 次，参加国家示范性高等职业院校建设计划系列学术研讨会 5 次，参加四川省公路学会年会 2 次，参加四川省高等教育学会年会 2 次，参加中国交通教育研究论坛 12 次；4 名骨干教师参加进修培训 12 人次，到企业参加实践锻炼 12 个月。通过建设，校内专职教师均取得教师资格证书和相关专业技术证书，达到了双师素质要求。

另一方面，有针对性地聘请了 50 名行业企业专业技术人才和能工巧匠为兼职教师，发挥其动手能力强、实践经验丰富的优势，指导或参与指导实践教学，充实了师资力量。

通过建设，校内专职教师均具备了“双师”资格，“双师”素质比例达到 100%，中高级职称教师所占比例达 94%，师资结构比较合理。通过建设，建立了包括 50 人的兼职教师资源库，参与教学的专兼教师比例为 1 ∶ 1。

8.4.3 教学团队建设成效

通过几年建设，教师整体业务能力和专业水平都有了较大提升，参与科教研项目数量明显增加，参加各类大赛获得奖项越来越多。近三年，教师出版学术专著 5 部，出版教材 11 本，主持或参与项目 40 余项，获得专利 5 项，公开发表论文 30 余篇，获得国家版权局认证软件版权 1 项，建设学习训练区 9 个，建设优质专业核心课程 2 门，编写校本特色教材 6 部，建成省级精品课程 1 门；参加教师教学能力测评的 4 名教师一次通过测评；专业带头人陈斌博士顺利破格升为教授。教师还先后获得四川省杰出青年学科带头人称号、学院 2005 年度教学成果二等奖、学院 2006 年度教学成果一等奖、学院教师技能大赛实践教学二等奖、学院“青年岗位能手”称号、学院教师技能大赛课堂教学比赛二等奖、学院“优秀教师”称号等奖项。

8.5 结论

教师是推动专业建设和发展的关键，也是实施教学改革的关键，教师水平的高低直接影响专业建设、教学改革和人才培养质量的好坏。但当前高职院校教师的实践能力、教学理念与新时期高职教育教学要求还有一定差距，交通安全与智能控制专业通过内培外引，加强专业带头人和骨干教师培养，加强校外兼职教师聘任，优化队伍结构，建立起一支优秀的“双师”结构团队，为教育教学改革和专业建设奠定了坚实的基础。

第 9 章　学生素质教育与发展分析

9.1　素质教育的含义

关于素质教育的含义，国家教委《关于当前积极推进中小学实施素质教育的若干意见》中作了明确解释："素质教育是以提高民族素质为宗旨的教育。它是依据《教育法》规定的国家教育方针，着眼于受教育者及社会长远发展的要求，以面向全体学生、全面提高学生的基本素质为根本宗旨，以注重培养受教育者的态度、能力，促进他们在德智体等方面生动、活泼、主动地发展为基本特征的教育。"

原国务院副总理的李岚清在谈素质教育时曾讲到："实施素质教育，就是全面贯彻党的教育方针，以提高国民素质为根本宗旨，以培养学生的创新精神和实践能力为重点，造就'有理想、有道德、有文化、有纪律'的德、智、体、美等全面发展的社会主义事业建设者和接班人。全面推进素质教育，要面向现代化、面向世界、面向未来，使受教育者坚持学习科学文化与加强思想修养的统一，坚持学习书本知识与投身社会实践的统一，坚持实现自身价值与服务祖国人民的统一，坚持树立远大理想与进行艰苦奋斗的统一。全面推进素质教育，要坚持面向全体学生，为学生的全面发展创造相应的条件，依法保障适龄儿童和青少年学习的基本权利，尊重学生身心发展特点和教育规律，使学生生动活泼、积极主动地得到发展。素质教育最重要的，就是要培养学生的创新精神和实践能力，培养学生树立建设中国特色社会主义的共同理想和民族精神，树立正确的世界观、人生观、价值观，养成良好的社会公德、职业道德、家庭美德。"

近而谈到对素质教育内涵的理解时，他说："对素质教育内涵的理解，有三个方面的问题需要强调。第一，素质教育是面向全体学生的教育；第二，素质教育是促进学生全面发展的教育；第三，素质教育是促进学生个性健康发展的教育。"

9.2　高职教育的特点

高等职业技术教育是对学生进行生产和管理的教育，它要求以岗位群的需求为依据制订教学计划；在针对职业岗位分析职业能力的基础上，按需施教；着眼于专业知识和能力的提高而组织理论和实践教学；着眼于产业结构和产品结构的调整、补充、更新，选择教学内容和构建课程结构；课程体系应体现职业能力要求，并且这种体系应是打破学科型的教学模式，建立以职业能力为中心的教学体系，才能培养具有实践技能、创业技能、创新精神的与人才需求相适应的高素质的劳动者。

高等职业技术教育是培养面向生产和服务第一线的高级技术及管理的应用型人才，同时高等教育肩负着不断更新、提升第一线劳动者素质的重任。高等教育关注的焦点是尽可能提高劳动者适应社会发展和技术变革的能力，为个人将来职业生涯的进一步发展打下坚实的基础。

高等职业技术教育属于以能力为本的教育，它是进行学生进入社会就业或创业准备的教育，突出人才培养对当前社会需求的针对性，是毕业生在人才市场上竞争的特色和优势所在。

高职学生的培养目标应定位在就业有优势、创业有能力、继续教育有基础、发展有空间的位置上；立足于培养学生爱国、敬业、爱岗、创新精神，使其成为知识型劳动者。其综合职业能力培养，主要体现在实用性、技能性、职业性三个方面。高职毕业生应掌握相关职业的新知识、新工艺、新设备、新技术，并以较强的动手能力和分析、处理、指导、解决一线生产实际问题的能力为目标。

9.3 交通安全与智能控制专业学生素质教育

综前所述，素质教育，就是要遵循受教育者的身心发展特点和教育规律，为受教育者全面发展创造相应条件，以培养受教育者的创新精神和实践能力为重点，促使受教育者德、智、体、美等全面发展，树立起建设中国特色社会主义的共同理想和民族精神，树立起正确的世界观、人生观、价值观，养成良好的社会公德、职业道德、家庭美德的教育活动。

对高职生实施素质教育，不仅要使受教育者在某个职业领域获得扎实的基础知识、专业知识、实践技能和职业能力，具有较高的科学技术素养，树立正确的学习观和方法论；还要对受教育者加强道德品质、心理素质、健康个性、创造力和敬业精神的培养，使之得到包括身心素质、基础文化素质、思想道德素质、职业技术素质和创业素质的提高；而且要充分发展学生的个性，强调通过每一个体素质的提高，促进群体素质的提高，最后达到个人、群体、社会及人与环境之间的健康与和谐发展。

对交通安全与智能控制专业学生的素质教育，主要采取了以下途径。

9.3.1 开展以就业为导向的专业技术和职业技能素质教育

主动适应经济社会发展需要，紧贴市场办学，建立起与企业行业人才需求密切结合的“1.5 +1.0 +0.5”的“双核心”工学交替人才培养模式。

9.3.1.1 企业全程参与素质教育

从四川交通职业技术学院交通安全与智能控制专业开设至今，一直坚持“校企合作，工学结合，共育合格人才”的思路，本着优势互补、资源共享、共同发展的原则，先后与16家企业签订了校企合作协议，共同建立起切实可行的校企合作机制，先后在企业建立校外实训基地16个，为学生顶岗实习和教师顶岗锻炼提供了条件；聘请企业技术人员和管理人员，参与入学教育、常规教学、就业指导，不仅拓展了学生的专业视野，也使学生较好地了解了企业文化和企业对高素质技能人才综合素质的要求。

9.3.1.2 职业分析方法确定人才培养规格

在确定人才培养规格前，深入用人单位调查对人才职业岗位能力的要求，确定学生毕业后所从事职业岗位的业务工作范围，明确毕业生必须具备的知识、能力、素质要求，确定学生在校期间所应建立、完善的知识结构与能力体系实践教学体系，再进一步具体化为人才培养规格，遵循了职业规律和学生发展规律。

9.3.1.3 突出职业能力素质的训练和养成

纯熟的专业技能与深厚的职业素质是职业教育培养人才的重点。在教学过程中突出能力培养，力图使学生在校期间基本完成上岗所需专业技能的基础训练，缩短学生走入社会岗位后的适应期，提高就业的适应性和成功率。

9.3.2 拓展学生个体自我发展的创造能力培养

素质教育工作的生命在于贴近实际,不断实践和创新,培养学生的创新精神和实践能力是素质教育的重点。我们利用示范建设创造的优越条件,对专业课程实施"理实一体化"教学,充分发挥学生的主体作用,较好地培养了学生的动手能力和创新意识,锻炼了学生敏锐的洞察力和抓住机遇的决断力,培养了学生自主择业和自主创业的精神。

9.3.2.1 强化教师队伍职业能力与职业道德

加强教师队伍建设是大学生素质教育的关键,高职院校要把培养造就品德高尚、素质优良、结构合理的"双师型"师资队伍作为强化大学生职业素质教育的一项根本工作。一方面,加强对校内教师的培养,通过参加进修培训,到企业顶岗锻炼,参与科教研项目,参与课程和实训条件建设等活动,增强了教师的综合职业能力。另一方面,有针对性地聘请了24名行业企业专业技术人才和能工巧匠为兼职教师,发挥其动手能力强、实践经验丰富的优势,通过其指导或参与指导实践教学,充实了师资力量。同时,加强了对教师的师德建设和现代教育理论培训工作,努力使教育从以教师讲授为重点的观念,转变为以学生学习为重点的观念,唤醒学生学习的主体意识;教学生学会学习是素质教育的一项重要内容,教师要加强现代教育技术学习,不断改进教学方法和手段,以利于培养学生的信息意识和创新能力。

9.3.2.2 以科技文化活动提高学生创新实践能力

大学生创新精神和实践能力的培养除贯穿于课堂教学外,结合专业实际的课外科技活动是一个极为重要的途径。学校在实际教育管理中培养学生的创新意识,保护大学生思维的原创性、多样性,以学院科技文化节和校内外各类专业技能大赛为载体,积极鼓励并组织学有余力的优秀学生参加各类比赛。通过参赛,使学生的综合素质得到明显提高,综合职业能力明显增强,先后获得全国大学生电子设计竞赛优秀奖、全国大学生电子设计大赛四川赛区三等奖、全国职业院校技能大赛机器人大赛三等奖、"亚龙杯"自动线安装与调试全国高职技能大赛团体优胜奖、学院第四届科技文化艺术节学生学术科技创新竞赛二等奖。

9.3.2.3 培养学生自主择业和自主创业精神

坚持毕业生就业指导和就业培训相结合原则,在教学过程中,将就业教育贯穿始终,注意培养学生的市场意识、专业技能和职业素养,尤其是在专业实习、社会实践中,通过院系、专业或学生个人,与企业建立"顶岗试用"关系,使学生参加实训、企业选聘人才一举两得;在就业指导和教育中,不将单纯就业作为目的,鼓励学生深入社会调查研究,开阔眼界和视野,锻炼学生敏锐的社会洞察力和抢抓机遇的决断力。

9.3.3 教育与管理相结合

结合学生特点,建立起教育与管理相结合的全过程育人机制,从全局的高度规划学生教育与管理工作。

9.3.3.1 加强辅导员队伍培养

一是适时进行调整和充实,配齐配强一线人员,保持队伍的相对稳定和工作的连续性;二是定期组织培训,进行相关专题的交流研讨,不断提高教育管理水平;三是定期组织考核评比,学校制定考核实施细则,通过考核和总结评比,较好地发挥激励作用;四是教育管理人员始终坚持进公寓、进课堂、进宿舍,实行全员、全过程管理。

9.3.3.2 助理班主任制度

选拔优秀学生,担任助理班主任,负责及时收集与反馈学生思想、学习和生活动态,参与学生素质教育与管理,促进了学生自我教育、自我管理、自我服务,促使形成良好的班风、学风和校风。

9.3.4 加强思想道德和综合素养教育

9.3.4.1 做到素质教育无处不在

除了开展“党课学习”、政治学习、“两课”建设和形势政策教育,还结合学生管理,深入课堂和学生宿舍,进行“公民道德建设”宣传和道德意识培养,引导学生树立正确的世界观、人生观、价值观,从新生入学到毕业,结合不同时期学生的思想状况进行不同内容的就业思想和品德教育,在培养学生遵守道德规范、学会做人上狠下工夫,以就业教育促进专业理论学习,提高学生综合素质和专业能力,为学生就业后的发展创造条件。实践证明,该系学生具有较强敬业和吃苦耐劳精神、思想品德好、作风扎实等特点。

9.3.4.2 将素质教育融入校园文化氛围

开设了一系列文化教育必修和公选课程,如文学欣赏、影视鉴赏、音乐欣赏、文化常识、人文阅读等,丰富了学生文化视野。通过社团开展演讲、沙龙、竞赛等活动,活跃校园文化,举办了大学生文化艺术节,开设名家讲坛,定期邀请国内外知名学者、专家到学校举办各类讲座和文化学术交流等,将素质教育融入校园文化氛围。

9.3.4.3 实行心理健康跟踪教育

学校成立了“学院心理咨询室”,由专职和兼职教师组成一只心理健康咨询队伍,并举办了心理委员培训班,积极开展大学生心理健康教育和宣传,通过个案追踪分析、学生心理教育分片调查建档、大型心理健康宣传周活动,使许多心理困惑的学生找到了心灵的归宿和解脱,从而树立正确的人生观、价值观,以积极的心态顺利健康地完成学业,为将来适应社会做好充分准备。

9.4 素质教育建设效果

通过素质教育建设,使学生综合素质明显提高,综合职业能力明显增强,参加各类大赛获得的奖项越来越多。先后获得全国大学生电子设计竞赛优秀奖、全国大学生电子设计大赛四川赛区三等奖、全国职业院校技能大赛机器人大赛三等奖、“亚龙杯”自动线安装与调试全国高职技能大赛团体优胜奖、学院第四届科技文化艺术节学生学术科技创新竞赛二等奖。

正如一位用人单位人事经理所说:“你们的学生上手快,能吃苦,勤学习,善用脑,比较满意”,很多学生毕业后,迅速成为企业技术骨干,受到了企业的普遍好评。

9.5 结论

素质教育就是要注重学生的全面可持续发展,以注重培养受教育者的态度、能力,促进他们在德智体等方面生动、活泼、主动地发展为基本特征的教育。高职学生的素质教育,就要结合高职教育自身规律,结合高职学生个体特征来开展。交通安全与智能控制专业学生素质教育,将个人职业生涯规划、专业发展、兴趣爱好、校园文化、心理健康和日常管理结合起来,做到了素质教育无处不在,使学生在潜移默化中受到熏陶和教育,有效地促进了学生综合素质的形成和综合职业能力的增强。

第 10 章 工学结合典型案例分析

10.1 工学结合的内涵

工学结合与产学结合相比较为微观,它是一种将学习与工作相结合的教育模式,形式多种多样,无论是什么形式,他们的共同点是学生在校期间不仅学习而且工作,也就是半工半读。这里的工作不是模拟的工作,而是与普通职业人一样的有报酬的工作,因为只有这样,学生才能真正融入到社会中并得到锻炼。学生的工作作为学校专业培养计划的一部分,除了接受企业的常规管理外,学校有严格的过程管理和考核,并给予相应学分。

10.1.1 工学结合的由来

工学结合教育模式由来已久,最早可以追溯到英国桑得兰德技术学院(Sundert and Technical College)工程系和土木建筑系于 1903 年开始实施的“三明治”教育模式(Sandwich Education)。英国出现三明治教育模式以后的第 3 年,也就是 1906 年,美国俄亥俄州辛辛那提大学(University of Cincinnati)开始实施与英国基本相同的工学结合教育模式,并称之为“合作教育”(Cooperative Education)。1983 年世界合作教育协会(World Association for Cooperative Education)在美国成立,总部设在美国马萨诸塞州波士顿的东北大学(Northeastern University),协会成员来自 40 多个国家,每年召开一次国际性会议,影响越来越大。目前,发达国家工学结合教育模式发展的重点是跨国安排学生的工作实践,以达到教育国际化的目的。2000 年协会理事会经讨论决定,将合作教育改为“与工作相结合的学习”(Work-integrated Learning),以进一步从名称上凸显工学结合的基本特征,便于理解。

10.1.2 工学结合的优点

工学结合教育模式之所以能持续 100 年经久不衰,主要归功于它切合实际的理念,那就是以职业为导向,以提高学生就业竞争能力为目的,以市场需求为运作平台。美国曾于 1961 年在福特基金会的支持下进行了一次对工学结合教育模式的调查。调查形成了“威尔逊—莱昂斯报告”,后又编写成《学习与工作相结合的大学计划》一书,于 1961 年出版。该项调查认为,工学结合教育模式给学生带来了以下几方面的利益。

(1)使学生将理论学习与实践经验相结合,从而加深对自己所学专业的认识。

(2)使学生看到了自己在学校中学习的理论与工作之间的联系,提高了他们理论学习的主动性和积极性。

(3)使学生跳出自己的小天地,与成年人尤其是工人接触,加深了对社会和人类的认识,体会到与同事建立合作关系的重要性。

(4)为学生提供了通过参加实际工作来考察自己能力的机会,也为他们提供了提高自己环境适应能力的机会。学生们亲临现场接受职业指导、经受职业训练,了解到与自己今后职业有关的各种信息,开阔了知识面,扩大了眼界。

(5)为许多由于经济原因不能进入大专院校学习的贫穷学生提供了经济来源和接受高等教育的机会。

(6)学生经受实际工作的锻炼,责任心和自我判断能力得到大大提高,变得更加成熟。

(7)有助于学生就业的选择,使他们有优先被雇主录取的机会,其就业率高于未参加合作教育的学生。

10.1.3 目前存在的问题

我国工学结合的教育模式很早就有,让人印象最深的也许是文化大革命之前的半工半读。改革开放以后,我国学习国外合作教育的经验,于"八五"和"九五"期间在全国进行了试点,取得了很多宝贵的经验,但仍然有很多亟待解决的问题,主要有以下两个方面。

(1)企业的积极性不高,学校为学生安排工作有一定困难;要安排专业对口的工作更难;学生工作要取得报酬更是难上加难。

(2)学校自身存在的问题。

①多数院校执行的仍为传统的人才培养方案。传统的人才培养方案课程体系遵循的是"从理论到实践"的逻辑顺序,没有真正按照"教学做"一体化的教改思路制订教学进程。

②实训基地条件建设距工学结合的教学要求还有较大差距。目前实习实训基地的设备台套数较少,"教学做"一体化仿真或真实的实训室数量不足,大多数专业很难实现一体化教学。

③教学模式仍以理论教学和教师为中心。多数教师的教育思想和教育理念仍停留在以传统的教学方式组织教学的层面上,学生被动地学习,效果较差。

④教学管理不适应"校企合作、工学结合"的要求。"校企合作、工学结合"的培养模式需要创新学校管理体系,传统的教学管理难以适应新形势的要求。在教学管理运行中,需要有行业企业的参与,工学交替进行,工学衔接合理,但传统的以学校和课堂为中心的教学组织形式已经无法适应工学结合的要求;在教学质量监控上,由于学生分散在不同的企业顶岗实习,实习成绩的考核很难统一标准,难以确定实习成绩;实施工学结合课程教学按照传统模式难以完成,需要一个教学团队的密切配合,因而导致工作量的增加,但目前受教学工作量制度及业绩考核等的限制,有些学习项目很难安排。

⑤缺乏有效的校企合作、工学结合保障机制。2005 年国务院出台了《关于大力发展职业教育的决定》,大力推行工学结合、校企合作的培养模式;建立企业接收职业院校学生实习的制度;实习期间,企业要与学校共同组织好学生的相关专业理论教学和技能实训工作,做好学生实习中的劳动保护、安全等工作,为顶岗实习的学生支付合理报酬等提出了明确的要求。但总体上讲,对企业的约束并不大,企业不愿为人才培养"买单",表现为学校"热"、企业"冷",这是工学结合人才培养模式在推行过程中遇到的最大难题。为此,需要将政府对校企合作的倡导和支持,落实到具体的法规、政策和措施上。通过政府的有效运作,帮助行业企业与学校建立合作关系,并通过法规调节以形成保障体系,使行业企业与学校之间的关系形成良性循环。政府对积极开展校企合作的高职院校应有政策、基金等方面的鼓励和支持,促进高职院校大力开展工学结合;对积极参与校企合作的企业应给予包含实际利益(如减免税额)方面的优惠政策,鼓励企业主动参与到职业教育人才培养的全过程中来。

(3)学生外出工作减少了理论学习的课时,影响了书本知识的学习。

综上所述,工学结合是将学习与工作结合在一起的教育模式,主体包括学生、企业、学校。

它以职业为导向,充分利用学校内、外不同的教育环境和资源,把以课堂教学为主的学校教育和直接获取实际经验的校外工作有机结合,贯穿于学生的培养过程之中。在这一过程中,学生在校内以受教育者的身份,根据专业教学的要求参与各种以理论知识为主要内容的学习活动,在校外根据市场的需求以"职业人"的身份参加与所学专业相关联的实际工作。这种教育模式的主要目的是提高学生的综合素质和就业竞争能力,同时提高学校教育对社会需求的适应能力。

10.2 工学结合教育模式的构建与实践

高职院校应当将工学结合作为高职教育人才培养模式改革的重要切入点,带动专业调整与建设,引导课程设置、教学内容、教学方法和教学模式的综合性改革,以实现人才培养目标、培养标准、培养条件、培养途径及机制的全面改革与创新。

10.2.1 基于工作过程构建工学结合的课程体系

工学结合的重点和难点在课程体系。高职教育必须坚定高技能人才的培养目标,面向企业工作岗位培养高素质的技能型人才。坚持育人为本,德育为先,把立德树人作为人才培养的根本任务,切实解决高职学生"学会做人"的问题。高技能人才通过工学结合特别是工作实践来培养,可加强素质教育,强化职业道德和职业素质训导,培养学生的诚信品质、守法意识、责任意识、团队精神、敬业精神、严谨态度和一丝不苟的工作作风,树立终身学习理念,立足职业生涯发展,提高学生的实践能力、创造能力、就业能力和创业能力。

校企全程合作开发与实施课程体系,应将企业员工能力要求、行业标准、职业资格标准融入课程内容,重构基于工作过程的专业课程体系和课程标准,构建满足高职人才培养目标的人才培养方案。通过职业岗位的工作任务分析,确定实际岗位的典型工作任务,然后根据能力复杂程度整合典型工作任务即行动领域;根据认知及职业成长规律将行动领域转化为学习领域,即根据完整思维及职业特征,以典型零件、项目、任务、现象、故障等为主要载体设计学习情境。该课程体系强调学生以直接经验的形式来掌握融合于各项实践活动中的最新知识、技能。在"理论实践一体化教学模式"中,学生首先对所学职业内容和工作的环境等有感性的认识,获得工作岗位和工作过程相关的知识,然后再开始学习专业知识。工作过程课程体系的教学内容、教学模式、教学环境都力求体现工作过程的要素。

10.2.2 校企合作共建工学结合实训基地

(1)工学结合建设校内实训基地。

对于工学结合人才培养模式的实施,校内生产性实习实训基地的建设是不可或缺的条件,这也是制约高职工学结合人才培养模式的瓶颈。按照"校企共建"原则建设校内实训基地,共建区域、行业共享型实训基地,实现社会、企业、学校、学生多方共赢。实训基地要实现"教学、培训、生产、产品研发与技术创新"四项功能。在设计上尽可能实现"四化":一是,设备生产化,实训设备为企业当期主流生产设备;二是,环境真实化,实训室环境布置按企业现场进行规范;三是,人员职业化,教师是主管、是技术员、是师傅,学生是学徒、是员工;四是,管理企业化,引入企业管理模式,使"教室与车间相结合、作品与产品相结合"。利用先进设备和技术条件,使工学结合融合在生产现场的环境之中,教师把生产现场作为教学课堂,在现场讲解实际操作和解决疑难问题，企业提供工艺标准、技术人员、工作量具和原材料，学生直接参与生产操作，使学生在真实职业场景中接受项目教学，体验生产过程，积累生产经验，实现教室与车间相结合、作品与产品相结合，提高专业技能和职业素质。

（2）工学结合建设校外实训基地。

拓宽校外实习基地的建设渠道，开发校外实习基地的多专业实训功能。校外实训基地是校内实训基地的补充，起着校内实训基地无法替代的作用。按照“互利互惠、合作共建”的建设思路，选择具有代表性、基础条件较好的大、中、小型企业，建设成具有充分保障机制、运行良好的多种类型的校外实训基地，实现校内外基地的紧密衔接，满足实践教学的需要，并尽可能为学生提供先进的实训条件、环境和理念，需要的时候也可以考虑本地区与外地区相结合。拓展校外实训基地的功能，融教学、实训、培训、研究、生产、服务为一体。积极引导教师研究解决校外实训基地所在单位在管理、技术及工艺等各方面的难题，充分发挥校企双方的优势，联合建立能为区域支柱产业提供服务的校外公共研发平台，开展课题研究等。

10.2.3 内培外引建立“双师”结构团队

建立一支适应工学结合的“双师”结构教学团队，重视双师结构队伍建设中的“工学结合”，制定专业教师任职标准和准入制度，引进和增加具有企业工作经历的教师，建立专业教师到企业工作实践和访问工程师制度，重视教师的职业道德、工作学习经历和科研开发服务能力，提高教师个体的“双师素质”。通过培训与考证、外部引进等途径，融“教、学、做”为一体，有效加速高职院校师资队伍的“双师”素质进程，促进学校可持续发展。同时建立兼职教师人才库，组建“校企互通、动态组合”的兼职教师队伍。通过正式引进、柔性引进和与企业“共引共享”等方式，大量聘请行业企业的专业人才和能工巧匠担任兼职教师。形成良好的培养、选拔、引进和科学的管理机制。兼职教师工作包括校内工作和校外工作，兼职教师不应只限于在课堂上讲课，还应在实践场地进行技能指导。

10.2.4 多元评价构筑质量保障体系

实施过程监控，企业、学生参与评价，构筑起一套科学合理的质量保障体系。依照学院相关管理办法，建立了教学运行机制，建设了教学质量监控制度，从入学教育、校内学习、常规管理、校外实习、顶岗锻炼、毕业设计、毕业跟踪调查等，均实现了全程监控管理，做到了事前有计划、实施有方案、过程有记录、事后有总结。打破了教师“一言堂”的传统的评价人才培养质量的方式，实现了企业、学生共同参与评价，打破了仅靠一纸考试评价学习成绩的形式，实行形成性评价与总结性评价相结合、理论与实践评价相结合的评价方式。

10.3 工学结合典型案例

四川交通职业技术学院交通安全与智能控制专业始终以育人为根本，按人才培养方案，有针对性地选择合作企业。按生产内容与教学内容高关联度的原则，校企共同确定工学结合项目。按企业生产实际，实施工学渐进交替，通过资源互补，实现学生、学校、企业共同受益（图10-1）。按教学进度安排，由浅入深，循序渐进，与富港电子（东莞）有限公司合作，成功实施了电工电子产品制作项目的工学交替；与成都凯玛电气有限责任公司和四川科友电器有限责任公司合作，成功实施了机电系统设备安装与调试项目的工学交替；与成都绕城高速公路

(西段)有限责任公司和成都成温邛高速公路有限责任公司合作,成功实施了高速公路机电系统应用与维护项目的工学交替;与成都曙光光纤网络有限公司合作,成功实施了高速公路机电系统工程建设工学交替(图10-2)。通过这种方式,学生综合素质明显提高,综合职业能力明显增强,参加国家级大赛获得的奖项明显增多,毕业生就业率达到100%,专业对口率达到100%,毕业生就业起薪增长快速;学校教学运行成本明显降低,师资力量得到了加强;企业用人满意度大幅提高,生产成本有效降低。

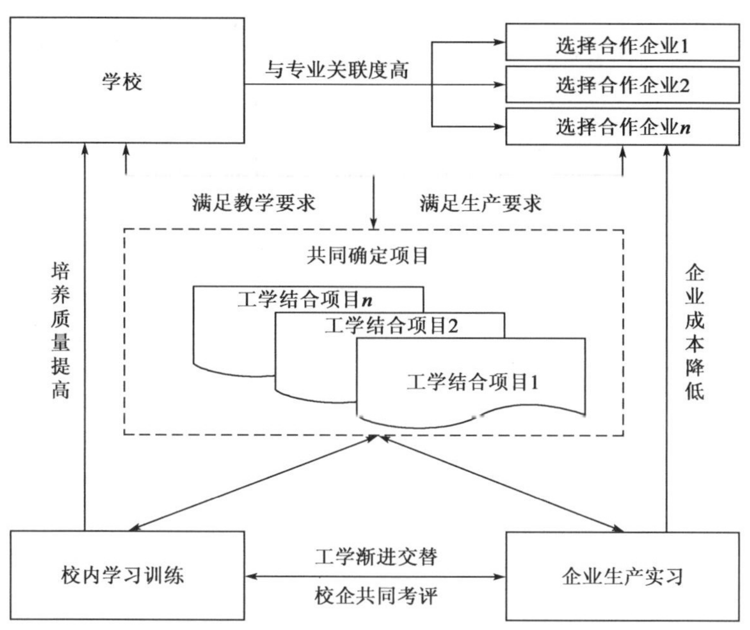

图10-1 工学渐进交替实施示意图

图10-2 学生校内学习训练与企业生产实习渐进交替

10.4 结论

工学结合是高职院校建设和发展的必然趋势，也是高职教学改革的目标。工学结合必须依托校企合作，只有将工作任务引入教学，将教学内容融入工作，工学结合才能真正落到实处。交通安全与智能控制专业，采用校企合作共同确定工学结合项目，按企业生产实际，实施工学渐进交替，通过资源互补，实现了学生、学校、企业共同受益。

第11章　专业改革未来展望

11.1　ITS发展趋势

中国城市(道路)智能交通业自20世纪90年代开始,经过近20年的快速发展,行业复合增长率一直保持在20%左右。2010年交通运输部原则通过“十二五”四个专项规划,明确提出要加快高速公路联网建设,将智能交通列为交通规划的重要组成部分。随着国家“十二五”交通规划的出台,预计2011~2013年,中国城市(道路)智能交通行业投资额将继续快速增长,2013年总体市场规模将达到459.5亿元。从区域发展情况来看,北京、上海、广州等东部沿海和经济发达城市的智能交通建设已经初具规模,而中西部地区的智能交通系统主要还集中在高速公路收费系统,城市内部的智能交通系统有待于继续建设和完善。

智能交通产业的发展速度和方向与交通设施的建设情况密切相关。公路和城市路网的新建、改建、优化都将带动智能交通领域投资的增加。据交通运输部统计数据显示,2010年,全国完成公路、水路交通固定资产投资13 212.78亿元,比上年增长18.6%。“十一五”期间累计完成投资47 851.63亿元,是“十五”投资完成额的2.1倍。2010年,完成公路建设投资11 482.28亿元,比上年增长18.8%,“十一五”累计完成投资40 752.63亿元,年均增长15.9%。2010年,高速公路建设完成投资6 862.20亿元,比上年增长28.9%,“十一五”累计完成投资22 159.01亿元,是“十五”投资完成额的2.5倍。2010年年底,全国公路总里程达400.82万km,比上年末增加14.74万km,“十一五”期间新增66.30万km。全国公路网密度为41.75km/100km^2,比上年末提高1.53km/100km^2,比“十五”末提高6.90km/100km^2。

11.1.1　省际公路交通管理

省际公路交通管理主要包括:国道、省道等城市之间的公路管理和高速公路管理系统。目前主要应用的系统为收费管理系统。在国家科技支撑计划的“国家高速公路联网不停车收费和服务系统(ETC)”的实施过程中,国家已经出台了相关技术标准。目前该标准已经受到美、日等国际企业的认同。不久的未来,ETC系统将在区域甚至全国进行联网。目前,该项目的示范工程已经在长三角和京津冀等区域进行建设。四川省近期也将选取全省39个收费站点,开展ETC的试运行,并全面推进电子不停车收费工作。

11.1.2　城市道路交通管理

城市道路交通管理系统是智能交通系统的重要的组成部分。城市交通需要涉及城市交通管理、建设、公安等多个部门的协作,因此需要建设高效便捷的信息共享平台。交通管理平台也将作为目前很多城市正在建设的应急联动系统的一部分,在城市突发事件的应急指挥中起到相应的作用。

城市道路管理系统中还包括信号灯控制系统、路况指示系统、车牌识别系统、道路视频监控系统等。交通信号控制系统和道路标志牌主要帮助机动车驾驶员了解所处的路况条件,以便进行最合理的道路选择,提高道路运输的效率。车牌识别系统和道路视频监控系统不但可提高道路运输效率,还对城市治安监控起到一定的辅助作用。道路视频监控系统是以上系统中使用最为广泛的系统,在众多城市的“平安城市”建设中,道路视频监控系统建设已经被纳入建设范围。

11.1.3 城市公共交通管理

城市智能公交系统是主要针对城市内部公共交通的指挥、管理、调度、应急等方面的智能系统。城市智能公交系统主要实现对城市公共交通线路、车站、车辆的全面监控。通过各种辅助设备预知并合理调度公交资源,优化公交系统。此外,智能公交系统还可以与道路交通管理系统进行协作,实现既定的城市交通策略。比如,北京奥运会期间,通过 GPS 对公交车进行定位,与交通信号系统协作,实施“公交优先”的交通策略。

智能交通系统在我国的发展尚不完善,未来还有众多领域有待于开发,市场前景广阔。在未来较长一段时间内都将继续呈现高速增长的态势,这为交通安全与智能控制专业的改革与发展提供了宝贵机遇。

11.2 专业改革存在的不足

四川交通职业技术学院作为全国首批开办交通安全与智能控制专业的院校和四川省高职院校中唯一开设该专业的院校,一直紧跟行业发展,充分结合区域市场特点,坚持走“校企合作,工学结合”之路,坚定不移地推动专业改革。经过几年的不断摸索,尤其通过三年国家示范校建设,专业改革取得了一定效果:基本确定了专业人才培养方向,明确了专业人才培养目标,探索并实践了适合本专业的基于“双核心”的工学交替人才培养模式。同时,通过几年的不断建设,建成了比较齐全的教学资源,包括:人才培养方案、课程体系、课程标准、优质核心课程、特色教材、“双师”教学团队、实训条件、教学实施方案、质量控制体系、校企合作机制、队伍建设机制等。该改革经验对同类开设本专业的院校有着较强的示范性和参考价值。但仍存在很多不足之处,需要长期不断的改进和完善,主要体现在以下两点。

11.2.1 校企合作广度和深度还不够

通过建设,合作企业增多了,但校企合作仍主要停留在不定期的教学实习、安排个别教师顶岗锻炼、接收毕业生顶岗实习和少量毕业生就业上,广度还不够。教学实习的实习周期、实习内容、实习组织和实习质量监控与考核评定,还主要依赖于企业生产实际,无法真正实现实习内容与教学内容的有效对接,深度还不够。

11.2.2 专任教师实践动手能力还不强

通过建设,专任教师都参加了许多教育教学培训和教学改革,还参加了一定时间的企业顶岗锻炼,也获取了相关职业资格证书,吸收了新时期教育教学理念,提高了实践动手能力,但离高职院校“双师”素质要求,尤其是实践能力要求还有一定距离。从整体上看,老师实践经历和经验还不多,对新设备和新系统的操作还不熟,教师实践教学的设计与组织和独立驾驭能力还不高。

11.3 专业改革未来发展展望

专业改革是一项长期的工作,改革的重点与方向既要符合教育教学发展规律,又要结合行业发展、市场需求和各学校的专业实际。展望未来,交通安全与智能控制专业改革,仍将坚定不移地走“校企合作,工学结合”之路,充分巩固前期改革成果,加强兄弟院校间的合作与交流,取长补短,主要着力于以下几个方面。

11.3.1 跟踪研究行业发展和市场需求

紧紧抓住四川省构建西部综合交通枢纽、新十年西部大开发和建设川渝经济建设中快速发展交通的历史机遇,跟踪研究高速公路联网不停车收费、道路视频监控和城市智能公共交通中采用的新技术应用,及时调研新技术的应用对高素质技能型人才的要求和需求,修订和完善人才培养方案,修改课程设置和教学内容,以适应行业发展和市场需求。

11.3.2 进一步推动校企合作广深发展

在现有校企合作的基础上,更加积极主动地加强与行业、企业间的交流沟通,增进互信。利用道路交通安全四川省高校重点实验室、智能交通综合实训基地和高速公路机电系统实训基地等校内优质资源,积极主动向行业、企业提供服务,增进互利。

校企共同成立校企合作管理机构,建立长效运行机制,开发合作项目,制订合作方案,协调、管理合作事务,确保合作质量,实现互惠多赢,推动校企合作广深发展。

11.3.3 全面提升专任教师执教水平

制定切实可行的激励约束机制,充分利用校内建成的实训环境和稳定的校外实训基地,结合教师个人职业生涯规划,通过参加顶岗锻炼,主持或参与科研项目,参加各种实践技能培训和大赛等方式,有针对性地强化专任教师实践技能,使其积累实践经验,提升执教水平。

11.3.4 推行行业人才准入标准

由于 ITS 技术应用、起步晚,学科交叉多,技术涉及面宽,目前还没有形成人才准入机制和标准。因此,应充分利用优质资源,及时总结经验,紧密保持与行业企业的关系,加强与兄弟院校间的合作,准确把握 ITS 发展趋势,认真分析 ITS 应用领域的岗位配置和能力要求,在努力培养更多优秀人才的同时,加强行业人才准入标准研究,推行行业人才准入机制,积极为行业和区域经济发展服务。

附录1　主要实训室介绍

1.1　城市智能交通综合学习训练区

1.1.1　学习训练区简介

智能交通综合学习训练区主要面向城市智能交通系统集成公司、视频监控高新技术企业、监控设备供应厂商、安防工程企业，供交通安全与智能控制专业及相关专业高年级学生实训。通过对城市道路交通监控执法系统进行系统安装与调试、系统应用与维护，培养学生从事城市道路交通监控执法系统及同类系统工程建设、现场施工组织与管理、系统应用与维护、售后技术支持等工作的职业能力。该训练区也可面向城市道路交通监控执法系统集成商、安防系统集成商、交通执法相关单位或部门，开展相关技术培训和技术支持与服务。

学习训练区由室内指挥中心部分（附图1-1）和室外校园道路部分组成，占地面积达650余平方米，其中室内面积145.8m^2，室外500余平方米。系统包括1套机动车违法闯红灯自动检测记录系统、1套机动车违法闯红灯自动检测记录系统（硬件+高清方式）、1套视频定位+雷达测速系统、1套视频卡口系统、1套禁左违法检测记录系统、1套逆行违法检测记录系统、1套视频交通流数据采集系统、1套信号灯控制系统、1套电子警察及监控中心端系统、1套LED大屏显示系统和5套室内交通流数据采集系统、电子警察系统实训系统、视频监控系统及传输系统、电子警察中心工作站模拟系统，几乎包含了目前城市道路交通监控执法系统的全部子系统，功能齐全，技术先进，能满足40名学生同时学习训练。

附图1-1　指挥中心

1.1.2　开设的实训项目

- 城市道路交通监控执法系统认识；

- 交通数据检测；
- 机动车违法闯红灯自动检测记录系统装调与应用维护；
- 机动车违法闯红灯自动检测记录系统（硬件 + 高清方式）装调与应用维护；
- 机动车超速行驶定点雷达检测记录系统装调与应用维护；
- 机动车视频卡口系统装调与应用维护；
- 机动车违法禁左检测记录系统装调与应用维护；
- 机动车违法逆行检测记录系统装调与应用维护；
- LED 户外大屏显示系统应用与维护；
- 信号灯控制系统应用与维护；
- 视频监控系统及传输系统应用与维护；
- 中心管理系统装调与应用维护；

1.2 智能停车场系统集成应用维护学习训练区

1.2.1 学习训练区简介

本学习训练区位于四川交通职业技术学院东大门处的第1、2教学楼和第1、2实训楼之间的停车场，占地面积 200m² 以上，建于2010年2月，如附图1-2所示。

附图1-2 智能停车场

在原有停车场的基础上，建设有70个标准小型车停车位，具备适合教学系统使用的一套一进一出的停车场管理系统，包含900MHz远距离及蓝牙远距离读卡，并可对临时车辆自动发放临时卡进行计时收费。该系统能满足对学生教学的需求。

本学习训练区可以为交通安全与智能控制专业的优质核心课程《智能停车场系统集成与应用维护》提供学习条件，对该专业学生的核心工作能力培养将起到重要的支持作用。该训练区可满足40名学生进行智能停车场施工工具的使用、工程施工组织与管理、系统安装与调试、系统应用与维护等技能训练。

1.2.2 开设的实训项目

- 智能停车场系统布线施工；
- 智能停车场系统设备安装、接线与调试；
- 计算机组网；
- 智能停车场系统软件安装；
- 智能停车场系统软件日常操作；
- 智能停车场系统管理员操作；
- 智能停车场系统调试。

1.3 交通软件应用学习训练区

1.3.1 学习训练区简介

本学习训练区面积为145.8m^2，可以满足60名学生进行智能交通软件应用学习，并有多媒体教学设备，可进行理实一体的教学，如附图1-3所示。

附图1-3 交通软件应用学习训练区一角

本学习训练区可以为交通安全与智能控制专业的优质核心课程《智能停车场系统集成与应用维护》，专业核心课程《车载定位及导航系统集成与应用维护》、《城市道路监控执法系统集成与应用维护》提供专业软件的学习条件，对该专业学生的核心工作能力培养将起到重要的支持作用。同时，也可为其他课程的计算机使用提供条件和环境，如《计算机工程应用》、《交通工程制图》等。

1.3.2 开设的实训项目

- 智能停车场系统软件运用；
- 智能停车场系统软件登录；
- 智能停车场系统软件日常操作；
- 智能停车场系统管理员操作；
- 车载导航与定位系统监控软件运用；

- 机动车违法闯红灯自动记录系统软件安装配置；
- 超速抓拍系统软件安装与配置；
- 视频违法左转弯自动抓拍记录系统；
- 视频交通流数据采集系统软件配置。

1.4 车载 GPS 集成与应用维护学习训练区

1.4.1 学习训练区简介

车载 GPS 集成与应用维护学习训练区是在原有的 GPS 实训室基础上，通过搬迁、改造、扩容建立起来的车载定位与导航系统的综合性学习训练区，如附图 1-4 所示。

该学习训练区室内面积为 118.8m^2，共有 40 套车载 GPS 终端设备、4 套导航仪以及 20 套常用工具。该学习训练区还配有 20 套标准工作台和 1 套多媒体示教台，能满足 40 位同学同时进行车载 GPS 集成与应用维护项目实习及相关实训试验。

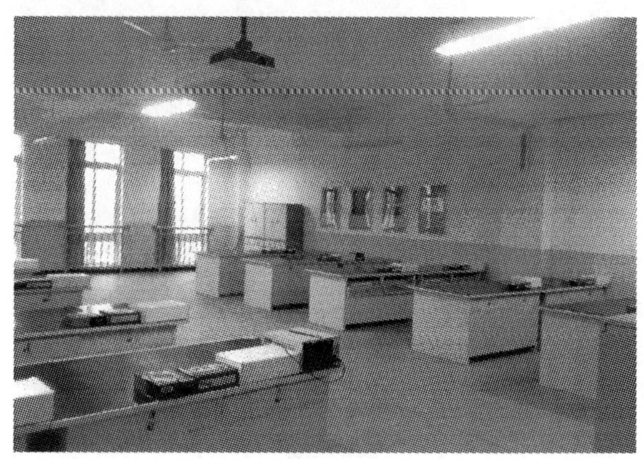

附图 1-4　车载 GPS 集成与应用维护学习训练区一角

1.4.2 开设的实训项目

- 车载定位与导航系统综合认识；
- 汽车电路认识；
- 车载 GPS 终端设备安装；
- 车载 GPS 终端设备调试；
- 车载 GPS 监控软件使用；
- 车载 GPS 终端设备故障检测与维修。

1.5 收费系统集成与应用维护学习训练区

1.5.1 学习训练区简介

高速公路收费系统是交通安全与智能控制专业的专业基础课，相应的实训内容更是该专业学生必修的教学环节。通过实训教学可加深学生对理论知识的理解，更重要的是，通过实训可使学生掌握高速公路收费系统设备及网络的安装、调试、简单故障的分析与处理以及收费系统的方案设计等实践技能，培养学生严谨的工作作风和独立思考的能力。为学生就业于高速公路管理公司、联网收费系统建设单位，以及相关设备的生产企业打下良好的专业知识与专业技能基础。如附图1-5所示为收费系统集成与应用维护学习训练区的车道外貌。

附图1-5　收费系统集成与应用维护学习训练区车道外貌

1.5.2　开设的实训项目

- 车道、收费站主要收费设备的认识；
- 车道收费设备的安装与调试；
- 收费站收费设备的安装与调试；
- 收费软件的安装及配置（IC卡收费系统）；
- 计重收费系统的集成；
- 收费系统的调试；
- 收费操作；
- 收费系统的维护保养。

1.6　通信系统学习训练区

1.6.1　学习训练区简介

该训练区面积为118.8m²（附图1-6），学生在学习通信原理及技术过程中或学习通信原理及技术以后，进入该通信原理实训室进行实训，可加深对模拟通信、数字通信原理的理解，可认识通信集成电路和通信设备的基本电路构成，可提高使用电子仪器的动手能力，可加强判断通信电路工作波形正确与否的能力，为生产调试安装与维护工作奠定基础。

1.6.2　开设的实训项目

- 通信基本原理性实训；
- 电缆通信系统结构和安装与维护技能实训；

附图 1-6　通信系统学习训练区一角

- 光纤通信系统结构和安装与维护技能实训；
- 无线电通信系统结构和安装与维护技能实训；
- 以太网络通信系统结构和安装与维护技能实训。

1.7　自动控制应用技能学习训练区

1.7.1　学习训练区简介

自动控制应用技能学习训练区室内面积为 118.8m^2，如附图 1-7 所示，可供实训的课程有：《电子技术》、《网络通信》、《单片机原理与应用》、《C 语言原理与应用》、《计算机原理与接口技术》、《传感器原理及应用》。

附图 1.7　自动控制应用技能学习训练区一角

1.7.2　开设的实训项目

- 搬运单元调试；

- 加工单元调试;
- 安装单元调试;
- 安装搬运单元调试;
- 检测单元调试;
- 立体仓库单元调试;
- MPS 系统整体调试;
- 触摸屏画面制作;
- 组态王系统设计;
- 机器人创新设计。

1.8 电子产品制作学习训练区

1.8.1 学习训练区简介

该训练区面积为 $118.8m^2$,可供 64 名学生同时进行实训,如附图 1-8 所示,主要训练学生在印制板上插装电子元件,焊接电子元件。可学生为毕业后从事插装电子元件、焊接电子元件工作奠定基础。

附图 1-8 电子产品制作学习训练区一角

1.8.2 可开设的实训项目

- 电子产品装配;
- 电子产品调试;
- 电路板焊接;
- 电子元器件整形;
- 电子元器件测试。

1.9 模拟电路学习训练区

1.9.1 学习训练区简介

该训练区室内面积为 109m²,共有 30 套标准工作台和常用电子测量仪器仪表,包括:YB1600 系列函数信号发生器、YB43020 型双踪示波器、YB1700 系列直流稳压电源、YB1700 系列交流毫伏表、500 型指针式万用表等;2008 年第一轮扩建,新增了设备:DICE-A 系列模拟电路实验箱 30 台,频谱分析仪 2 台,数字存储示波器 30 台,万用电桥 2 台,晶体管图示仪 2 台,失真度仪 2 台,三值电压表 2 台,扫频仪 2 台,多媒体示教台 1 套,如附图 1-9 所示。这些设备能满足 40 位同学同时进行模拟电子和电子测量技术项目教学及相关实训试验。

附图 1-9 模拟电路学习训练区一角

1.9.2 开设的实训项目

- 常用电子仪器的使用;
- 半导体二极管、三极管、场效应管、晶闸管的特性测试;
- 单管共射放大电路的测试;
- 差分放大电路的测试;
- 集成功率放大器的应用电路及测试;
- 集成运算放大器在信号运算方面的应用;
- 集成运算放大器在信号产生电路的应用;
- RC、LC 正弦波振荡电路的测试;
- 单相桥式整流、滤波及并联稳压电路;
- 常用电子测量仪器的使用实训项目;
- 示波测试技术实训项目;
- 电路元件参数的测量实训项目;
- 电子电路的参数测量实训项目;
- 收音机部分指标的调试;

• VHF 高频调谐器的检测；
• 单电源功率放大电路的设计、制作与调试；
• 无线电中级调试工考工实训。

1.10 数字电路学习训练区

1.10.1 学习训练区简介

该训练区室内面积为 118.8m^2，主要依据实验室仪器的情况以及数字技术的发展，购置有数字电路实验箱 40 套、数字示波器 40 台、数字万用表 40 个及指针式万用表 40 个、电容电感测试仪 2 个，目前数字电路学习训练区配有 40 套教学仪器，可容纳 40 名学生进行实训，如附图 1-10 所示。

附图 1-10 数字电路学习训练区一角

1.10.2 开设的实训项目

• TTL 门电路的逻辑功能和特性测试；
• 集电极开路门和三态输出门功能测试；
• 实用小规模集成电路（SSI）设计组合逻辑电路；
• 实用中规模集成电路（MSI）设计逻辑电路；
• 实用中规模集成电路（MSI）设计逻辑电路；
• 集成触发器性能测试；
• 计数、译码、显示电路性能测试；
• 移位寄存器功能测试；
• 555 定时电路功能测试；
• 数模转换与模数转换器功能测试；
• 交通信号灯设计与制作；
• 抢答器的设计与制作；
• 多路遥控集成编码器与译码器接口电路的设计与制作；
• 计数显示器的设计与制作；

- 简单序列信号发生器的设计与制作；
- 数字电压表的设计与制作；
- 组合电路、时序电路分析。

1.11 电工基础及电气测量学习训练区

1.11.1 学习训练区简介

该训练区面积为 109.35m^2(附图 1-11)，可以满足 50 名学生进行电工基础、电气测量课程的相关实训。电工基础、电气测量学习训练区可以为电气自动化技术专业的《电路分析》、《电气测量》以及其他工科专业的《电工基础》或《实用电工技术》等课程提供试验和实训条件，对相关专业学生能力培养将起到重要的支持作用。同时，也可为维修电工考证相关内容的培训及考试提供场所。

附图 1-11 电工基础及电气测量学习训练区一角

1.11.2 开设的实训项目

- 电源外特性测试；
- 叠加原理验证；
- 戴维宁定理；
- 电阻、电感、电容串联交流电路分析；
- 电感性负载与电容器并联的交流电路分析；
- 单相变压器性能测试；
- 三相负载的星形联结；
- 三相负载的三角形联结；
- 三相电动机的连接及测试；
- 直流电桥的使用；
- 交流电桥的使用；
- 搭铁电阻测试。

附录2　人才培养方案

交通安全与智能控制专业的人才培养总体方案见附表2-1。

人才培养总体方案　　附表2-1

专业名称	交通安全与智能控制
修业年限	三年
招生对象	三年普通高中毕业生、对口职高毕业生
培养层次	专科
培养目标	面向城市智能交通系统集成厂商、高速公路公司机电系统集成厂商、高速公路公司、交通智能产品制造企业、交通运输及相关企业,培养拥护党的基本路线,德、智、体、美全面发展,具有专业必备的基础理论和专业知识、从事本专业实际工作的基本技能、良好的职业道德、较强的综合职业能力和一定的可持续发展能力,能够胜任交通领域智能产品生产,智能交通系统建设、施工组织与管理,系统应用与维护,交通运输安全管理,产品营销,售后技术支持等工作的高素质技能型人才
就业面向	毕业生可在城市智能交通系统集成厂商、高速公路公司机电系统集成厂商、高速公路公司、交通智能产品制造企业、交通运输及相关企业,从事交通智能产品生产,车载终端设备装调与维护,高速公路机电系统建设、应用与维护,城市交通智能系统建设、应用与维护,产品营销,售后技术支持等工作
获取的职业资格证书与等级	电子仪器仪表装调工(中级)、电工仪器仪表装配工、公路收费及监控员

2.1　典型工作任务与学习领域

2.1.1　典型工作任务

按实践专家访谈会要求召开本专业实践专家访谈会,认真分析实践专家职业成长过程,找出实践专家在职业成长各阶段中经历的、工作过程完整的"典型工作任务",见附表2-2。

实践专家职业发展阶段典型工作任务　　表2-2

职业发展阶段	工作积累年限(年)	对应的典型工作任务
职业起步	1~2	1.行业及企业熟悉
		2.制图软件熟悉
		3.交通智能产品生产
		4.交通智能产品营销
业务成熟	2~3	5.交通工程制图
		6.智能交通系统工程施工
		7.智能交通系统应用
		8.智能交通系统维护
		9.产品售后技术支持

续上表

职业发展阶段	工作积累年限(年)	对应的典型工作任务
基础管理	3~5	10. 项目现场施工组织及管理
综合管理	5~10	11. 项目招投标管理
		12. 系统方案设计
		13. 项目全面管理

2.1.2 学习领域转换

结合专业发展实际,将实践专家访谈会得出的典型工作任务,通过教育专家与专业教师教学化处理,设置学习领域,见附表2-3。

典型工作过程与学习领域　　附表2-3

对应的典型工作任务	学习领域/课程名称
制图软件熟悉 交通工程制图	交通工程制图
交通智能产品生产	电工电子产品制作
智能交通系统工程施工 智能交通系统应用 智能交通系统维护 产品售后技术支持 项目现场施工组织及管理	高速公路机电系统集成与应用维护
	城市道路交通监控执法系统集成与应用维护
	智能停车场系统集成与应用维护
	车载GPS集成与应用维护

2.2 人才培养模式

交通安全与智能控制技术应用领域广,学科交叉性强,涉及知识、技能面宽,行业正处于起步阶段,对从业者的综合职业能力要求高,人才培养采用基于“双核心”的方式来实施,通过实践专家访谈会找出典型工作任务后,再认真分析、归纳要完成各典型工作任务所必需的职业能力,将其提炼成为“职业核心能力”;以培养“职业核心能力”为根本,精心设置“核心学习领域”,构建课程体系,实施人才培养。

在教学组织上,按照学生认知规律,把培养过程分为三个阶段,第一个阶段1.5年,主要学习专业基础理论知识,训练专业基本技能,使学生具备初步的职业能力,并选择考取电子仪器仪表装调工(中级)或电工仪器仪表装配工(中级)职业技能鉴定资格证书;第二阶段1.0年,在前一阶段的基础上,校企合作,实施工学交替,加强专门化技能训练,着力培养学生的职业核心能力,考取公路收费及监控员职业技能鉴定资格证书;第三阶段0.5年,校企合作,实施顶岗实习和毕业设计,强化岗位技能训练,全面促进学生职业素质和职业道德养成,进一步提升学生综合职业能力,为学生就业上岗做好准备。“双核心”人才培养过程如图3-1所示。

2.3 课程体系与实施进度

课程体系及实施进度安排如表4-1所示。

课程描述如附表2-4所示。

学习领域课程描述 附表 2-4

<table>
<tr><td>学习领域 1</td><td>电工电子产品制作</td><td>第 1 学年　第 1 学期　基准学时:128 学时　8 学分</td></tr>
<tr><td colspan="3">典型工作任务(职业行动领域)描述:
交通安全与智能控制专业毕业生要对高速公路机电系统进行集成、应用维护,要设计、安装和应用高速公路供配电和照明系统,还要集成安装和维护交通监控系统;
所以要能认识电阻、电感、电容、二极管、三极管、与门、或门、非门电路和 R-S、D、J-K 触发器;能用指针三用表测判开关、电阻、电感、电容、二极管、三极管元件的好坏;能用指针三用表测判电阻性、电感性用电器好坏,如传感器、继电器、接触器和发热用电器、电动机、变压器等;能阅读电路原理图;能安装电动机控制电路;能按照装配图、接线图装配和焊接电路板;能使用三用表、钳形表、绝缘电阻表、示波器测量电参数;能编制出电路的技术说明书、调试说明书、使用说明书、装配图、接线图,懂电工基础知识和安全用电知识;
因此,选择用指针三用表测判电子电器元部件好坏、电动机控制电路、模拟放大电路、模数变换电路进行培训,重在电动机控制电路</td></tr>
<tr><td colspan="3">工作与学习内容</td></tr>
<tr><td>工作对象:
◎用指针三用表测判电子电器元部件好坏
◎制作电动机控制电路
◎制作音频放大器印制电路板
◎调试音频放大器
◎制作模数变换器</td><td>工具材料:
◎设备:500 型指针三用表
资料:学材
材料:常用电子元件
◎配投影和展示台
◎设备:三相电动机配备按钮、三用表、钳形表、绝缘电阻表、三相电动机、热继电器、接触器和电工工具等
资料:学材、校本教材《电路制作与调试》
材料:各类导线
◎设备:计算机、PCB 板制作设备
资料:学材、校本教材《电路制作与调试》、Protel DXP
设备:常用电子测量仪器
◎资料:学材、校本教材《电路制作与调试》
工作方法:
◎老师讲解、演示和指导
◎学生记录、制作并编写报告
◎学生按学材和参考书编教材《电路制作与调试》训练
劳动组织:
◎以教学班为单位,在班委指挥下分小组制作,每 3 人一小组
◎班委检查记录遵守规章制度情况、器材情况,以及安全、卫生、考勤、领发工具器材等情况
◎小组相互测试检验,相互讨论</td><td>工作要求:
◎测试元器件报告:元件识别;三用表测判电子电器元部件好坏方法和测判记录
◎三相电动机正反转控制电路电路图;使用说明书;装配图、接线图、实物图
◎电路原理图,印制板制作图,印制电路板,制成的放大器实物图和模数变换器实物图,高年级编制出放大器的技术说明书,调试说明书,使用说明书,装配图和接线图</td></tr>
<tr><td colspan="3">学习目标:
能用指针三用表测判电子电器元部件的好坏,能安装三相电动机正反转控制电路;能制作放大电路;能制作数字电路
1. 能认识电阻、电感、电容、二极管、三极管、与门、或门、非门电路和 R-S、D、J-K 触发器及其功能和应用
2. 能用指针三用表测判开关、电阻、电感、电容、二极管、三极管元件的好坏
3. 能用指针三用表测判电阻性、电感性用电器好坏,如传感器、继电器、接触器和发热用电器、电动机、变压器等
4. 能简述电子产品的制作过程以及电路调试步骤和方法,能阅读电路原理图
5. 懂电工基础知识、安全用电知识
6. 能简述三相电动机正反转控制电路的工作过程</td></tr>
</table>

续上表

<table>
<tr><th colspan="3">工作与学习内容</th></tr>
<tr><td colspan="3">7. 用 Protel DXP 软件绘制电路图
8. 用 Protel DXP 软件设计简单印制电路板图
9. 手工制作简单印刷电路单面板
10. 能按照装配图、接线图装配和焊接电路板
11. 能使用三用表、钳形表、绝缘电阻表、示波器测量电参数
12. 能编制出电路的技术说明书、调试说明书、使用说明书;装配图、接线图</td></tr>
<tr><td colspan="3">学习组织形式与方法:
1. 以教学班为单位,在班委指挥下分小组制作,每小组 3 人
2. 班委检查记录遵守规章制度情况、设备器材情况,以及安全、卫生、考勤、领发工具器材等情况
3. 小组相互测试检验,相互讨论
4. 老师讲解并演示,学生记录、制作并编写报告
5. 学生按学材和校本教材《电路制作与调试》进行训练,老师作指导</td></tr>
<tr><td colspan="3">学业评价:
评价原则:按学生提交制作的实物/照片、学材中的引导题、制作记录和技术文件等评分
按制作的实物 50%,引导操作题/报告 30%,态度 20% 打分</td></tr>
<tr><td>学习领域 2</td><td>交通工程制图</td><td>第 1 学年　第 3 学期　基准学时:112 学时</td></tr>
<tr><td colspan="3">典型工作职业任务:
交通工程图纸是交通工程施工的重要组成部分,是施工的重要依据,也是项目验收的重要依据之一;交通工程图纸包括施工图纸、管线图纸及综合布线图纸;以实际工程施工项目所需为依据,借助计算机绘图辅助软件 AutoCAD,设计并绘制出工程图纸,供施工人员、项目验收等使用;
交通工程图纸设计员在项目经理的领导下,认真查阅项目的技术要求、成本要求,然后通过工程现场勘探情况及与业主进行沟通,设计出工程施工图纸;依据工程制图标准,运用计算机辅助绘图软件 AutoCAD 绘制出工程施工图纸,供施工人员、项目验收等使用</td></tr>
<tr><th colspan="3">工作与学习内容</th></tr>
<tr><td>工作对象:
◎分析工程项目的要求
◎现场勘察
◎与业主沟通
◎工程制图标准查阅
◎设计工程图纸
◎用 AutoCAD 软件绘制工程图
◎审阅图纸</td><td>工具材料:
◎工程相应的设计标准、法律法规
◎计算机、绘图软件
◎打印机
工作方法:
◎熟悉工程相应的标准、法律法规
◎与业主进行沟通
◎与相关工作人员进行沟通
◎独立绘制或建立团队共同设计工程图
◎绘制工程图
劳动组织:
◎独立完成模块图的设计与绘制或组建团队共同完成
◎与相关人员进行沟通
◎设计图纸
◎组织评价图纸
◎绘制图纸</td><td>工作要求:
◎能熟练进行工作沟通
◎熟悉与工程相关的标准
◎熟悉图纸编制的相关标准
◎熟练操作计算机
◎熟练操作 AutoCAD 绘图软件
◎满足单位的工作时间要求
◎满足业主的工程功能的需求
◎具有成本意识
◎遵守操作规程与劳动纪律
◎符合劳动保护要求的个人保护用品和工具
◎勤奋、踏实,具有团队协作精神,具有独立分析问题、解决问题的能力</td></tr>
</table>

续上表

<table>
<tr><td colspan="3">学习目标：
通过该门课程的学习，使学生能够在老师的指导下，根据工程项目要求，通过现场勘察，查阅相关资料及依据工程图纸设计标准，设计出工程施工图；依据绘图标准绘制出工程施工图；同时培养学生爱岗敬业、团结协作、吃苦耐劳的职业精神与创新设计意识；
学习完本课程后，学生应能够进行交通施工图的设计与绘制，包括：通过现场勘察及项目的具体要求，设计出工程施工图；绘制具体的施工图</td></tr>
<tr><td colspan="3">学习组织形式与方法：
在教学过程中以学生为主导，以真实工作项目为载体，以实际工作任务引导学生发现问题、分析问题、解决问题，采取案例教学法、角色扮演法、项目教学法、引导法等方法教学，分组学习和讨论相结合，开放实训场地，为学生提供充分的实践操作机会</td></tr>
<tr><td colspan="3">学业评价：
过程评价与综合考核相结合，知识评价和操作评价相结合，突出实践操作的评价；过程评价占 50%，过程评价中体现学习任务难度，按照学习任务难度给予不同权重；通过成果展示、项目成果报告，结合课堂提问、教学参与程度和学习态度等情况综合评价学生过程成绩；综合性考核占 50%，安排在期末，教师给定学生任务，各小组在规定的时间内完成图纸的设计与绘制并提交图纸，根据完成图纸及答辩的情况考核；课程成绩分优、良好、中等、及格、不及格五个等次</td></tr>
<tr><td>学习领域 3</td><td>高速公路机电系统的集成与应用维护</td><td>第 2 学年　第 1 学期　基准学时：128 学时　8 学分</td></tr>
<tr><td colspan="3">典型工作任务(职业行动领域)描述：
高速公路机电系统是实现高速公路智能化交通管理的主要工具，主要包括高速公路监控、收费、通信以及供配电系统；其工程顺序是首先采用先进的技术设备建成机电系统，其次是通过对机电系统的运行管理实现高速公路高速、安全、畅通、收费的功能，同时为保障高速公路正常运营的实现，必须对机电系统进行日常维护和故障处理；
高速公路机电工程集成技术人员能按照工程项目经理下达的任务，拟订实施计划，选用高速公路机电系统设备，利用专用工具、仪器仪表，依据工程技术标准，按照施工图，进行系统集成和调试，保证工作安全，符合环保要求；施工中做好施工记录，进行工程资料规整，配合进行工程验收；
高速公路机电系统应用技术人员能根据机电系统设备技术资料、机电系统操作手册以及相关管理规程，通过对机电系统的应用，实现高速公路通行费的收取、收费工作的管理、交通监控及气象监测；高速公路机电工程维护技术人员能根据机电系统维护手册，拟订维护的实施计划，进行机电系统的日常维护，并对维护后的系统作运行测试；维护前应做好系统正常运营的预案，保证维修过程中系统的正常运行；保持安全作业的工作要求，维护中做好维护记录，规整存档</td></tr>
<tr><td colspan="3">工作与学习内容</td></tr>
<tr><td>工作对象：
招标文件、合同文件、施工文件的阅读
竣工文件、投标文件的编制
高速公路机电系统设备、设施、软件的安装、调试和操作
施工、操作中的经济性、安全性和效率
专用仪器、维修材料及配件的领用
高速公路机电系统设备、设施、软件的日常维护和简单故障的诊断、检查、处理</td><td>工具材料：
相应的国家和行业标准、施工规范、安全操作规程
相关设备、设施和软件的使用说明书、操作手册和维修手册
布线施工工具、电工电子仪器仪表、维护保养工具等
各种通信介质(如双绞线、电缆、光缆等)
工作方法：
机电系统的建设流程
电缆、光缆的敷设方法
基础设施、设备、软件的安装调试方法
系统联合调试流程
简单故障的诊断方法
劳动组织：
项目经理、项目经理助理(系统应用集成工程师、技术支持工程师)、施工技术人员组成项目小组</td><td>工作要求：
能熟练地进行工作沟通
能阅读分析相关的国家和行业标准、施工规范、安全操作规程及招标文件
能编制施工文件、竣工文件
能协助编写投标文件
能编制施工计划、确定施工流程
能完成设备、设施的安装调试
能完成软件的安装、调试
能进行系统的联合调试
能操作绘图软件，绘制施工及技术图
能进行系统设备及软件的日常维护及保养工作，并编写维护报告
能分析系统设备及软件的简单故障并编写维修报告
能制订技术培训计划
能熟练使用工具和仪器
能遵守操作规程与劳动纪律</td></tr>
</table>

续上表

<table>
<tr><td></td><td>系统应用集成工程师根据项目经理要求,协助完成售前工作
系统应用集成工程师协助项目经理按合同文件编制相关施工文件,并指导施工技术人员严格按施工技术文件和施工规范及操作规程完成施工
项目经理质量检验和甲方验收
技术支持工程师根据合同要求进行日常维护,根据业主反馈进行故障排除
向项目经理和业主提交维修报告</td><td></td></tr>
<tr><td colspan="3">学习目标:
学生在教师指导下或使用机电系统设备技术资料、施工技术规范、操作维护手册等资料,以高速公路机电工程项目为任务,首先勘察施工环境,拟订实施计划,照图施工;根据设备特性及工作原理,进行设备和系统软件安装、调试;规范整理施工文件,完工后进行项目验收交付,提供技术培训和技术跟踪服务;其次是通过对机电系统的收费、操作和运行管理,实现高速公路联网收费的功能,同时为保障高速公路正常运营的实现,必须对机电系统进行日常维护和故障处理;对已完成的任务做好记录、存档和评价反馈,机电系统的集成、应用、维护工作应符合劳动安全和环境保护规定;
学习本课程后,学生应能够进行高速公路机电系统的集成和应用维护,包括:
1. 描述机电系统的功能、特点,发展趋势;
2. 描述机电设备的组成、结构、功能特点、技术指标及安装注意事项;
3. 能根据案例,分析某路段机电系统建设的功能需求、管理体制等,根据教师提供的参考方案,选择和优化系统集成方案;
4. 描述机电系统的施工规范和建设流程;
5. 能根据施工方案,按照施工工艺及规范,进行外场基础施工;
6. 能遵照施工图纸,进行系统设备安装、接线与调试;
7. 能完成系统软件的安装、调试;
8. 能按照系统建设技术指标,进行系统联合调试,填写调试记录,编制竣工文件;
9. 能制订技术培训内容和计划,并按计划对业主进行技术培训;
10. 能根据机电系统日常维护内容,对系统进行日常维保养,并编制维护报告;
11. 能根据故障诊断方法,制订经济的维修方案,处理简单的系统故障,编制维修报告</td></tr>
<tr><td colspan="3">学习组织形式与方法:
在教学过程中以学生为主体,以真实项目为载体,以实际工作任务引导学生发现问题、分析问题、制订解决问题的方案;采取案例教学法、角色扮演法、项目教学法、引导课文法等方法教学,现场教学与多媒体教室理论教学相结合,分组学习和讨论相结合,开放实训场地,为学生提供充分的实践机会</td></tr>
<tr><td colspan="3">学业评价:
过程考核与结果考核相结合,理论考核和操作考核相结合,突出对过程考核的评价;理论考核为20%,以笔试形式进行;过程考核为60%,过程评价应中体现学习任务难度,按照学习任务难度给予不同权重,通过课堂提问、学生作业、实训报告、教学参与程度等情况评价学生过程成绩;操作结果考核为20%;课程成绩分为优、良好、中等、及格、不及格五个等次</td></tr>
<tr><td>学习领域 4</td><td>城市道路交通监控执法系统集成与应用维护</td><td>第 2 学年　第 1 学期　基准学时:128 学时　8 学分</td></tr>
<tr><td colspan="3">典型工作任务(职业行动领域)描述:
城市道路交通监控执法系统是现代综合交通管理系统的重要组成部分,其通过对道路上行驶的车辆闯红灯、超速行驶、逆行等违法违章行为进行抓拍记录,为交通执法提供执法依据,是科技强警的重要手段之一;该系统主要包括交通数据检测记录子系统、机动车违法闯红灯自动检测记录子系统、机动车超速行驶定点雷达检测记录子系统、机动车视频卡口子系统、机动车违法禁左检测记录子系统、机动车违法逆行检测记录子系统和中心管理子系统;
城市道路交通监控执法系统集成工程经理在项目经理领导下,在系统实施前,对工程现场进行勘察,绘制工程施工图,制订施工计划;再根据施工图和施工规范,进行前端系统管线敷设及通断测试、前端设备安装调试、中心端系统安装调试、联机测试;最后协助项目经理编写、整理、归档有关工程技术文档;城市道路交通监控执法系统集成技术经理在项目经理领导下,进行技术工作的实施与指导,把握技术标准;整理并归档相关文档材料,编写项目验收报告;协助项目经理按合同文件编制培训计划,参与用户培训,参与系统交付验收;</td></tr>
</table>

续上表

<table>
<tr><td colspan="3">城市道路交通监控执法系统售后技术支持工程师在项目经理的领导下，按合同要求，对系统进行日常保养维护；当系统发生故障时，按合同要求，借助相关技术资料和仪器设备，对系统进行故障诊断，制订并向工程部经理报批维修方案，按方案对故障进行排除，编写并向项目经理上报维修报告</td></tr>
<tr><td colspan="3">工作与学习内容</td></tr>
<tr>
<td>工作对象：
◎合同文件阅读
◎施工计划制订
◎行业标准及规范阅读
◎设备器材和施工工具
◎系统管线敷设及通断测试
◎系统设备安装调试
◎文档归档
◎用户培训
◎保养维护计划制订
◎系统保养维护
◎保养维护记录填写</td>
<td>工具材料：
◎合同文件、行业标准及规范
◎相关设备和软件的使用说明书、操作手册和维修手册
◎土建工程材料：砖、水泥、沙石；路基用无机混合材料、路面修补材料、木炭
◎专用材料：基础架、管道接头、井口盖、防水弯头、混凝土基础钢筋网或地垄
◎工具和机械：活动扳手、万用表、烙铁、压线钳、网络测试仪、螺丝刀、水平尺、手推车、顶管机、高空作业车、混凝土切割机、电焊机、电锤、发电机
◎安全施工设备：施工现场警示标志、标线、标牌和安全围挡设备；夜间照明设备
◎笔记本电脑
工作方法：
◎认真阅读合同文件、行业标准、规范以及相关工程技术文档
◎及时与业主和施工技术人员沟通
◎及时向项目经理或工程经理请示、汇报工程情况，根据存在的问题，提出更改或调整意见
◎严格按标准、规范及相关要求作业
◎按时填写过程记录
◎按时编写、整理并归档相关文档材料
劳动组织：
◎与业主方共同成立工程协调小组
◎成立工程项目部并确定项目经理、技术经理、工程经理、安全员、施工技术员、售后技术支持工程师
◎项目经理负责工程组织协调、工程进度、工程质量、人员安排、项目验收
◎工程经理负责协助项目经理按合同文件编制施工文件，指导施工技术员严格按要求进行施工和系统测试，并填写相关过程记录
◎技术经理负责施工技术工作的实施与指导；整理并归档相关文档材料，编写项目验收报告，协助项目经理按合同文件编制培训计划，参与用户培训，并填写相关过程记录
◎施工技术员在工程经理和技术经理的指导下，按要求进行工程施工
◎售后技术支持工程师根据工程项目安排，按合同文件，编制保养维护计划，对系统进行日常保养维护，并按时填写过程记录；根据业主的故障反馈进行故障诊断与排除，并按时填写过程记录；编写并向项目经理和业主提交维修报告</td>
<td>工作要求：
◎能阅读施工图
◎能读懂行业标准、规范及相关技术文档
◎能协助编制投标文件
◎能协助编制施工文件
◎能进行有效的工作沟通
◎能按工程进度计划、施工标准及规范进行施工组织与管理
◎能协助编制培训计划，并参与用户培训
◎能整理并归档相关文档材料
◎能协助编写验收报告
◎能编制系统保养维修计划
◎能诊断并排除常见故障
◎能编制维修报告
◎具有成本意识、质量意识和安全意识</td>
</tr>
<tr><td colspan="3">学习目标：
学生在教师指导下，参照一个城市道路交通监控执法系统建设项目，按照合同要求，勘察施工环境，编写施工计划书，预算工程费用，按计划分组分工，选购设备器材，准备施工工具；严格按照国家和行业标准、规范以及工艺要求，结合系统特性及工作原理，进行设备组装，系统安装、调试、操作和维护，并填写过程记录；编制、整理、归档工程技术文档；根据学习情况，撰写并提交学习报告；最后，参照招、投标文件样本，练习系统方案设计和招、投标文件编写；
通过本课程学习，学生能够描述城市道路交通监控执法系统的构成和工作流程；能够描述各系统主要设备功能和关键技术指标；能够描述各应用软件的功能和特点；能够描述工程现场勘察内容和方法；能够描述施工规范和安全要求；能够描述系统常见故障现象及排除方法；能够描述系统方案设计要点；能够描述系统招投标文件编写要点；</td></tr>
</table>

续上表

<table>
<tr><td colspan="4">通过本课程的学习，学生能够在项目实施前，对工程现场进行勘察，绘制施工图，制订施工计划；能够根据施工图和施工规范要求，进行前端系统管线敷设及通断测试；能够按照规范要求，进行前端设备安装调试和相关电气性能测试；能够根据要求，进行系统联机调试；能够按要求操作相关应用软件；能够对系统关键设备进行日常保养维护；能够对系统常见故障进行诊断与排除；能够协助编写招投标文件；
通过本课程的学习，进一步培养学生实际动手能力、独立工作能力、语言表达能力；增强学生团队协作意识；提高工程安全意识；树立良好的劳动纪律观念；养成正确的仪器设备使用习惯</td></tr>
<tr><td colspan="4">学习组织形式与方法：
在教学过程中，以学生为主体，以学习任务引导学生发现问题、分析问题、制订方案解决问题；有针对性地采用引导文教学法、演示教学法、小组讨论教学法、案例教学法、角色扮演法、调查法等教学方法，采用现场教学与理实一体教学相结合、集中学习和分组训练相结合的方式实施教学</td></tr>
<tr><td colspan="4">学业评价：
采用形成性评价与总结性评价相结合，组内互评、组间互评与教师评定相结合的方式进行学业评价；形成性评价主要以实际操作考核为主，结合提交书面作业，综合学习任务完成效率、完成质量、团队合作精神、学习态度和安全意识进行；总结性评价以提交报告、学习成果验收、学习总结为主，结合笔试进行；课程成绩分优秀、良好、中等、及格、不及格五个等次</td></tr>
<tr><td>学习领域 5</td><td>智能停车场系统集成与应用维护</td><td colspan="2">第 2 学年　第 2 学期　基准学时:96 学时　6 学分</td></tr>
<tr><td colspan="4">典型工作任务（职业行动领域）描述：
智能停车场系统是可以实现停车场收费管理和设备管理的现代化停车场管理系统，其集成过程包括了解业主需求，根据现场勘察结果，设计系统集成方案，预算工程成本，制订投标书，进行投标，取得建设合同后，根据合同，制订施工方案，编制施工文件，组织人员进行施工；竣工后，将项目交付业主，并对系统使用者进行技术和操作培训，为业主提供后期维护服务；
智能停车场系统应用集成工程师协助项目经理做好业主沟通、现场勘察，设计系统集成方案，预算工程成本，针对招标文件中的技术要点进行技术审核，在招投标中针对业主进行技术答疑；根据合同条款，制订和优化施工方案，编制施工图纸，制订施工计划，安排项目施工任务，协调相关单位的支持；组织和指导施工技术人员严格按施工方案、施工规范、操作规程进行布管布线、设备安装与调试、软件安装与调试、系统统调与试运行，并进行质量控制；负责编制项目实施报告，整理工程有关的各种技术文件，参与竣工资料的编制，参与将系统交付业主验收，进行系统应用培训；
智能停车场系统售后技术支持工程师在工程部经理的领导下，按合同要求，对系统进行日常保养维护，同时填写相关过程记录表格；当系统发生故障时，按合同要求，借助相关技术资料和仪器设备，对系统进行诊断，制订并向工程部经理报批维修方案，并按方案对故障进行排除，同时做好相关记录，编写并向工程部经理上报维修报告</td></tr>
<tr><td colspan="4">工作与学习内容</td></tr>
<tr><td>工作对象：
◎系统技术方案的分析
◎项目实施方案的执行
◎系统管线的敷设
◎系统设备的安装、接线和调试
◎系统软件的安装与调试
◎系统的统调与试运行
◎系统应用与维护培训
◎集成过程记录与归档
◎竣工材料的编写
◎项目的交付与验收
◎系统的日常运行维护
◎系统常见故障的排除
◎系统集成方案的设计</td><td colspan="2">工具材料：
◎合同文件、行业标准及规范
◎相应的设备和软件使用说明书、操作手册和维修手册
◎土建工程材料：管材、弯头、螺钉、水泥
◎工具和机械：手枪电钻、万用表、电烙铁、直流稳压电源、弯管器、剥线钳、斜口钳、尖嘴钳、螺丝刀、卷尺
◎安全施工设备：施工现场警示标志、标线、标牌和安全围挡设备；夜间照明设备
工作方法：
◎认真阅读合同文件、行业标准、规范及相关技术文档
◎及时与业主和施工技术人员有效沟通
◎及时向项目经理或工程部经理请示、汇报工程情况，根据具体情况，提出更改或调整意见
◎严格按标准、规范及相关要求作业
◎及时填写过程记录
◎及时编写、整理并归档相关文档材料
◎按故障处理流程进行故障处理；采用观察分析法、测试法、拔插法、替换法、更改配置法、仪表测试法等进行故障排除</td><td>工作要求：
◎系统技术方案的分析
◎项目实施方案的执行
◎系统管线的敷设
◎系统设备的安装、接线和调试
◎系统软件的安装与调试
◎系统的统调与试运行
◎系统应用与维护培训
◎集成过程记录与归档
◎竣工材料的编写</td></tr>
</table>

续上表

	劳动组织： ◎与业主方共同成立工程领导小组，负责组织协调、计划安排、资金组织和人员调配 ◎确定项目经理，全面负责工程组织、工程进度、工程质量、人员安排和协调工作 ◎系统应用集成工程师与施工技术人员共同组成工程实施小组 ◎协助项目经理按合同文件编制施工文件，指导施工技术人员严格按标准、规范及相关要求进行施工和系统测试，并填写相关过程记录 ◎协助项目经理按合同文件编制培训计划，参与用户培训，并填写相关过程记录 ◎整理并归档相关文档材料 ◎协助项目经理编写项目验收报告，配合业主进行项目交付验收 ◎售后技术支持工程师根据工程部经理安排，按合同文件，编制保养维护计划，对系统进行日常保养维护，并填写相关过程记录 ◎根据业主的故障反馈进行故障诊断与排除，并填写相关过程记录 ◎编写并向项目经理和业主提交维修报告	◎项目的交付与验收 ◎系统的日常运行维护 ◎系统常见故障的排除 ◎系统集成方案的设计

学习目标：

学生在教师指导下，以某智能停车场系统建设项目为学习任务，根据招标书要求，勘察施工环境，完成投标书的技术标，预算工程成本、制定预算表；编写施工文件；综合考虑质量、进度、安全等要求，组织人员开展项目施工组织和管理，组织人员、购置材料、准备工具，对施工人员进行技术培训和安全规范培训；严格按照国家及行业规范以及工艺要求，照图施工，完成设备和系统软件的安装、调试、操作和维护；编制或整理施工中的所有技术文件，按合同进行项目验收交付，为业主提供操作及技术培训和维护服务；

学习完本课程后，学生应当能够进行智能停车场系统应用集成和维护，包括：①编写投标书的技术标（含系统方案设计和设备选型）；②编制施工文件；③按照施工文件进行布线施工、系统硬件安装接线与调试、系统软件安装与调试、系统统调与试运行；④能组织人员进行施工，能进行施工质量和进度控制；⑤编制竣工资料，将系统交付业主验收，进行业主培训；⑥进行系统日常维护和故障排除，编制维护报告

学习组织形式与方法：

在教学过程中，以学生为主体，以真实工作项目为载体，以实际工作任务引导学生发现问题、分析问题、制订方案解决问题；采取案例教学法、角色扮演法、项目教学法、引导课文法等方法教学，现场教学与多媒体教室理论教学相结合，分组学习和讨论相结合，开放实训场地，为学生提供充分的实践机会

学业评价：

采用过程评价与综合考核相结合，知识评价和操作评价相结合，突出实践操作的评价；过程评价占50%，过程评价中要体现学习任务难度，按照学习任务难度给予不同权重；通过成果展示、项目成果报告、PPT，结合课堂提问、学生作业、实训报告、教学参与程度和学习态度等情况综合评价学生过程成绩；综合性考核分为笔试和操作考试，其考核结果分别占整个课程考核权重的30%和20%；课程成绩分优、良好、中等、及格、不及格五个等次

学习领域 6	车载 GPS 集成与应用维护	第 2 学年　第 1 学期　基准学时:128 学时　8 学分

典型工作任务（职业行动领域）描述：

车载定位与导航系统是指全球卫星定位系统（GPS）在车辆定位和导航方面的应用系统；它主要由 GPS 卫星、地面监控系统和车载终端设备组成；运用电子应用技术、计算机技术、现代通信技术等技术完成对车辆的定位和监控；

车载定位与导航系统工程师助理协助系统工程师完成整个车载定位与导航系统的正常运行；主要包括对客户需求进行分析；协助制订系统方案；对车载终端设备进行性能测试；及时与客户沟通做好售前技术工作；安装车载终端设备；现场调试车载终端设备；做好入网登记；录入客户信息；根据客户要求，运用监控平台软件对车辆实现监控；对客户进行监控软件的使用培训；向公司反馈客户要求及建议；为客户车辆正常监控提供技术服务；做好日常维护；处理常见的车载终端设备硬件故障

续上表

<table>
<tr><th colspan="3">工作与学习内容</th></tr>
<tr>
<td>工作对象：
◎系统的分析
◎集成实施技术方案
◎集成实施计划
◎系统的安装、调试
◎系统检测
◎集成记录与归档
◎竣工材料的编写
◎系统运行管理与维护
◎系统故障的诊断与维修
◎系统设计</td>
<td>工具材料：
◎相应的车载终端使用说明书、操作及维修手册
◎相应的车载终端安装说明书
◎车载监控平台入网登记表
◎相应的监控平台软件使用说明书
◎通用工具及万用表、示波器、烙铁等
◎安全操作规程
工作方法：
◎综合分析法
◎观察分析法
◎测试法
◎拔插法
◎替换法
◎更改配置法
◎仪表测试法
劳动组织：
◎组织项目组进行系统分析
◎进行项目方案制订
◎接受安装、维修或售后服务任务
◎和客户联系后向材料及备件库领取材料及备件
◎独立完成设备安装和维修及售后技术支持
◎完工自检后交客户验收
◎反馈客户信息</td>
<td>工作要求：
◎能阅读分析相关技术文件
◎能不断学习了解行业发展方向、行业最新设备及最新技术
◎能使用专用工具对车载终端设备进行测试
◎能够快速独立安装车载终端设备
◎能够现场处理车载终端设备硬件故障
◎能收集客户的改进要求，制订改进方案
◎能向客户进行监控软件的使用培训
◎能对监控车辆出现的问题及时作出应急反应
◎能够正确填写各种记录登记表
◎能及时与客户和公司部门合作，处理应急事件
◎能及时与客户或其他安装服务人员沟通，记录故障现象
◎能根据故障现象找出其原因并排查故障
◎能正确使用专业检测和维修工具
◎能熟练处理常见故障
◎能制定维修记录表，并正确记录
◎遵守操作规程与劳动纪律
◎紧急事件的处理，包括设备急停、消防及急救
◎符合劳动保护要求的个人保护用品和工具</td>
</tr>
<tr><td colspan="3">学习目标：
学生在教师指导下，以对某运营公司提供车辆监控解决方案项目为学习任务，完成对运营公司需求分析调查；完成硬件解决方案；完成监控软件解决方案；实现车辆终端设备测试、安装、调试、维修等技术服务；完成监控平台软件的安装、调试及维护，实现对车辆进行实时平台监控；对客户进行监控软件使用培训；处理车辆出现的常见问题及应急问题；做好售后技术服务；
学习完本课程后，学生应当能够对车辆定位与导航系统进行实现与运用，包括：①协助系统工程师编写硬件解决方案；②协助系统工程师编写软件解决方案；③组织技术人员按照解决方案对车载终端设备进行安装接线与调试、监控软件安装与调试；④能对车辆进行入网监控；⑤能解决售后的软硬件技术问题；⑥进行系统日常维护和故障排除，编制维护报告；⑦进行车载终端设备常见故障维修；⑧进行车载终端新进设备测试</td></tr>
<tr><td colspan="3">学习组织形式与方法：
在教学过程中，以学生为主体，以真实工作项目为载体，以实际工作任务引导学生发现问题、分析问题、制订方案解决问题；采取案例教学法、角色扮演法、项目教学法、引导课文法等方法教学，现场教学与多媒体教室理论教学相结合，分组学习和讨论相结合，开放实训场地，为学生提供充分的实践机会</td></tr>
<tr><td colspan="3">学业评价：
采用过程评价与综合考核相结合、知识评价和操作评价相结合，突出实践操作的评价；过程评价占50%，过程评价中要体现学习任务难度，按照学习任务难度给予不同权重；通过成果展示、项目成果报告、PPT，结合课堂提问、学生作业、实训报告、教学参与程度和学习态度等情况综合评价学生学习过程成绩；综合性考核分为笔试和操作考试，其考核结果分别占整个课程考核权重的30%和20%；课程成绩分优、良好、中等、及格、不及格五个等次</td></tr>
</table>

2.4 方案实施条件

2.4.1 教师资源

教师总数按照 1 : 16 的师生比进行配备，其中专兼职教师的比例达到 1:1，教师任职资格如附表 2-5 所示。

教师任职资格 附表 2-5

教 师 性 质	任 职 资 格
专业课教师	1. 热爱教育事业，有较强的事业心和责任感，教书育人，为人师表；具有所承担教学任务的业务能力和教学水平，并具有丰富的教学经验和实际工作能力；了解高等职业教育的教学特点，能够耐心地为学生学习提供多种服务；能够熟练运用多种媒体手段进行教学，教学方法新颖；能够严格执行专业教学计划和课程教学大纲，具有良好的职业道德和协作意识，遵守学校教学管理的各项规定；符合《教师法》所规定的教师任职资格的基本条件； 2. 高职院校任课教师必须具有高校教师任职资格；具有本专业大学本科及以上学历，累计本专业实践年限不低于 1 年，具有所承担交通安全与智能控制专业课程的教学业务能力和专业水平；熟悉交通安全与智能控制技术行业发展状况，熟悉企业生产流程及相关操作规程，熟悉企业典型工作任务、专业内容，具有较丰富的实践经验
兼职教师	本专业企业工作年限不低于 5 年，具有丰富的一线生产、经营、管理经验，能为教学注入强烈的职业信息；具有较强实践动手能力和较为充足的理论知识；有一定的教学组织与管理能力、语言表达能力，能独立承担所任课程教学任务

2.4.2 实践教学条件

(1) 校内实训基地。

校内实训基地要体现融教学、培训、职业技能鉴定功能于一体的特点，根据本专业人才培养要求和学生规模，需要建设 12 个校内(室)实训基地，如图 7-1 所示。

(2) 校外实训基地。

根据本专业实际情况，需要建设的校外实训基地如附表 2-6 所示。

校外实训基地需求 附表 2-6

公司类别	实训/实习项目	实训容量(人)
高速公路公司	高速公路机电系统建设、运用与维护	20
车载终端相关企业	车载终端产品的生产、安装与维护、技术支持	20
智能交通系统集成相关企业	系统集成、应用、维护、技术支持	30
交通智能产品设计制造相关企业	产品制造、装配、测试、技术支持	20

附录3　核心课程标准

3.1　电工电子产品制作课程标准

适用专业:交通安全与智能控制专业
总学时/学分:128 学时/8 学分

3.1.1　课程性质

本课程是四川交通职业技术学院交通安全与智能控制专业学生的一门专业必修课,为毕业后从事交通安全与智能控制设备的生产、安装和维护工作奠定技能基础。

后续课程:《高速公路机电系统集成与应用维护》、《高速公路供配电与照明系统设计和应用》。

3.1.2　设计思路

课程设计的指导思想:遵从国家职业教育规划,以培养高素质技能型人才为基础,为毕业生从事交通安全与智能控制设备生产、安装和维护工作奠定技能基础。注重电工设备安装和电子产品制作的主要技术环节,充分利用现有教学条件,选择适当电工和电子元器件、电工和电子基本电路进行制作。训练操作技能和电路制作技能,培养学生从事技术工作认真负责的精神,遵守操作程序、规章制度,并具有安全和环境保护意识。

教师讲授电工、电子电路基本知识,产品制作步骤、操作要求、安全和环境保护知识及行为要求;演示操作方法,解决学生提出的问题。学生分 3 人一组,按学材和要求制作电路产品、记录并编制报告。高年级学生可设计、制作电路产品,记录并编制报告。

教学组织的思路:以教学班为单位,在班委领导下分 3 人一小组进行制作,班委检查并记录学生遵守规章制度情况,并记录安全、卫生、考勤和领发工具、器材等情况。

课程考核评分思路:按制作的实物质量分占 40%;引导操作题/报告的质量分占 30%;态度、出勤率、安全、卫生和整洁状况分占 30%,总分为 100 分。

3.1.3　课程目标

能安装三相电动机正反转控制电路;能制作放大电路;能制作数字电路。

(1)能认识电阻、电感、电容、二极管、三极管、与门、或门、非门电路和 R－S、D、J－K 触发器及其功能和应用。

(2)能用指针三用表测判开关、电阻、电感、电容、二极管、三极管元件的好坏。

(3)能用指针三用表测判电阻性、电感性用电器的好坏,如传感器、继电器、接触器和发热用电器、电动机、变压器等。

(4)能简述电子产品的制作过程以及电路调试步骤和方法;能阅读电路原理图。

(5)懂电工基础知识、安全用电知识。

(6)能简述三相电动机正反转控制电路的工作过程。

(7)用 Protel DXP 软件绘制电路图。

(8)用 Protel DXP 软件设计简单印制电路板图。

(9)手工制作简单印刷电路单面板。

(10)能按照装配图、接线图装配和焊接电路板。

(11)能使用三用表、钳形表、绝缘电阻表、示波器测量电参数。

(12)能编制出电路的技术说明书、调试说明书、使用说明书,以及装配图、接线图。

3.1.4 课业设计

3.1.4.1 学习目标与内容设计(附表3-1)

学习目标与内容设计 附表3-1

学习情境 (学习任务/项目)	学习目标	学习内容
任务1.用指针三用表测判电子电器元部件的好坏	1.认识电阻、电感、电容、二极管、三极管、门电路和触发器及其功能; 2.能用指针500型三用表测判电子电器元部件的好坏; 3.能用指针500型三用表测判发热电器、传感器、继电器、接触器和发热用电器、电动机、变压器的好坏	1.认识电阻、电感、电容、二极管、三极管、门电路和触发器及其功能; 2.测判开关、电阻、电感、电容、二极管、三极管元件的好坏; 3.测判电阻性、电感性传感器和发热用电器、变压器的好坏
任务2.制作电动机控制电路	1.能安装电动机正反转控制电路; 2.编制出三相电动机正反转控制电路的技术说明书、调试说明书、使用说明书;装配图、接线图	1.简述三相电动机正反转控制的电路工作原理; 2.用指针三用表测判三相电动机、热继电器、接触器的好坏; 3.用绝缘电阻表测量三相电动机的绝缘电阻; 4.安装三相电动机正反转控制电路; 5.按电路原理图,查找错连; 6.用三用表测量电压排除故障; 7.用钳形表测量电动机工作电流; 8.编制出三相电动机正反转控制电路的技术说明书、调试说明书、使用说明书、装配图、接线图
任务3.制作音频放大器印制电路板	能制作印制板;进行元件装焊: 1.用 Protel DXP 绘制电路图; 2.设计印制板制作图; 3.手工制作 PCB 板; 4.插装元件; 5.手工焊接印制电路板元件	1.用 Protel DXP 绘制电路图; 2.绘制新元件原理图符号; 3.设计并打印出印制板制作图、印制板装配图; 4.绘制新器封装图; 5.手工制作 PCB 板; 6.插装元件; 7.手工焊接印制电路板元件

续上表

学习情境 （学习任务/项目）	学习目标	学习内容
任务4. 调试音频放大器	1. 用仪器调试制作的电路板电路；测试电工电子产品主要参数； 2. 编制出放大器的技术说明书、调试说明书、使用说明书、装配图、接线图	1. 分析电子电路原理图的步骤和方法； 2. 查找、排除电路板故障的步骤和方法； 3. 用三用表、示波器、信号发生器测量电压波形和周期； 4. 用三用表、示波器、信号发生器测量自制电路主要参数值
任务5. 制作模数变换器	1. 制作模数变换器； 2. 调试模数变换器； 3. 编制出模数变换器电路的技术说明书、调试说明书、使用说明书、装配图、接线图	1. 绘制模数变换器电路原理图； 2. 设计模数变换器的PCB图； 3. 制作电路板； 4. 插装元件； 5. 手工焊接印制电路板元件； 6. 模数变换器电路组成； 7. 调试模数变换器

3.1.4.2 课业实施设计(附表3-2)

课业实施设计 附表3-2

学习情境	教学方法和组织形式	教学资源配置	参考课时	学生提交成果
1. 用指针三用表测判电子电器元部件的好坏	教学方法：老师讲解；学生记录； 组织形式：以教学班为单位，班委负责		1	提交组织名册，遵守实训室操作规程与劳动纪律，注意人员和设备安全，保护环境；紧急事件处理有序，包括设备急停、消防及急救、节约耗材
	教学方法：老师演示；学生测试，记录； 组织形式：以教学班为单位，班委负责；分3人一组	教师：1人 场地：电子产品装配实训室 设备：500型指针三用表 资料：学材 材料：常用电子元件	15	测试元器件报告：元件识别；三用表测判电子电器元部件好坏方法和测判记录
2. 制作电动机控制电路	教学方法：教师讲解并演示测判电器元件好坏；电路组成，连接步骤；学生测试，安装，记录； 组织形式：以教学班为单位，班委负责；分3人一组	教师：2人 场地：电工装配实训室 设备：三相电动机 资料：学材、校本教材《电路制作与调试》 材料：配备按钮、三用表、钳形表、绝缘电阻表、三相电动机、热继电器、接触器和电工工具等	40	1. 三相电动机正反转控制电路电路图； 2. 使用说明书；装配图、接线图 3. 实物图

续上表

学习情境	教学方法和组织形式	教学资源配置	参考课时	学生提交成果
3. 制作音频放大器印制板；元件装焊	教学方法：教师讲解并演示Protel DXP绘制电路图，设计制作PCB板的方法； 组织形式：以教学班为单位，在班委领导下，1人一组	教师：2人 场地：专业化实训室 设备：计算机，印制作设备 资料：学材、校本教材《电路制作与调试》、Protel DXP设计软件	24	1. 电路原理图； 2. 印制板制作图； 3. 印制板
	教学方法：教师讲解并演示安装焊接工艺，学生装焊	教师：2人 场地：电子产品装配实训室 设备：装配工具	8	电路板
4. 调试音频放大器	教学方法：教老师讲解并演示仪器测量电压波形、周期的方法； 组织形式：学生按3人一组测量并记录	教师：2人 场地：电子基础实训室 设备：常用仪器，配投影和展示台 资料：学材、校本教材《电路制作与调试》	24	1. 编制出放大器的技术说明书、调试说明书、使用说明书，以及装配图、接线图； 2. 放大器实物图
5. 制作模数变换器	教学方法：教师讲解并演示使用仪器测量电压波形、周期的方法； 组织形式：学生按3人一组测量并记录	教师：2人 场地：电子基础实训室 设备：常用仪器，配投影和展示台 资料：学材、校本教材《电路制作与调试》	16	1. 编制出模数变换器电路的技术说明书、调试说明书、使用说明书，以及装配图、接线图； 2. A/D模数变换器实物图

3.1.5 实施建议

(1)教学建议：在电子电器电路制作实训室进行“理实一体化”教学。教师利用多媒体、专用软件和展示台等进行讲解和示范操作，学生按学材要求制作规定产品，并利用仪器仪表调试电路板。重点为电动机控制电路。

(2)配设2名中级及以上实训指导老师。

(3)教学环境和设备要求：

电工电子电器产品制作综合实训室；

多媒体及展示台；

计算机室：50台计算机。

电工实训：配备按钮、三用表、钳形表、绝缘电阻表、三相电动机、热继电器、接触器、导线、电工常用工具和实训用木板等。

模拟电路数字电路实训(常用电子电器仪器仪表)：三用表、示波器、信号发生器。

产品原材料、器件和工具。

3.1.6 课程评价

评价原则：以学生提交制作的实物/照片、学材中的试题、制作记录和技术文件等为依据，按教师评、学生组间互评、学生本人自评的方式综合评分。

根据按时完成制作的实物和下列资料综合评价：制作实物占50%、制作记录和技术文件占30%、态度占20%打分(附表3-3)。

课 程 评 分 表　　附表3-3

评分人	分值	引导操作题、技术文件(30分)	实物质量(40分)	安全(10分)	出勤率(10分)	卫生整洁(10分)
老师评分	60%					
小组互评分	25%					
自评分	15%					
总评分						

3.1.7 课程学习资源

(1)学材:《电工电子产品制作》(吴清富编)。

(2)参考书:

①《电路制作与调试》(吴清富编);

②《Protel DXP》;

③电子电器产品制作工艺标准;

④电子元件手册。

3.2 交通工程制图课程标准

适用专业:交通安全与智能控制

总学时/总学分:112学时/7学分

3.2.1 课程性质

《交通工程制图》是交通安全与智能控制专业的一门专业基础课程,着力培养学生应用计算机辅助设计软件(AutoCAD)在交通工程制图中的应用,以及培养学生团队协作能力和独立分析问题、解决问题的能力。

该课程的先修课程有《现代交通工程技术》、《计算机工程应用》。后续课程有《城市道路交通监控执法系统集成与应用维护》、《高速公路机电系统集成与应用维护》、《智能停车场系统集成与应用维护》。

3.2.2 设计思路

本课程以实际项目所需的工程图纸为载体进行课程设计,通过实践专家访谈会和企业调研,并对实践专家访谈会得出的典型工作任务进行分析,确定交通工程图纸的几个主要部分,每一部分采取从简单到复杂的递进设计,使学生从简到难地掌握交通工程图纸的绘制。

教学组织的思路:在教学过程中以学生为主体,以真实工作任务为载体,引导学生发现问题、分析问题、解决问题。采取案例教学法、角色扮演法、项目教学法、引导法等方法教学,小组讨论,开放实训场地,为学生提供充分的实践操作机会。

考核方式采用过程评价与综合考评相结合、知识评价和操作评价相结合,总成绩=过程考核(50%)+综合考核(50%)。

3.2.3 课程目标

通过该门课程的学习,使学生能够在老师的指导下,根据工程项目要求,通过现场勘察,查阅相关资料及依据工程图纸设计标准,设计出工程施工图;依据绘图标准绘制出工程施工图。同时培养学生爱岗敬业、团结协作、吃苦耐劳的职业精神与创新设计意识。

学习完本课程后,学生应能够进行交通施工图纸的设计与绘制。包括:通过现场勘察及项目的具体要求,设计工程施工图;绘制具体的施工图。

3.2.4 课程设计

3.2.4.1 学习目标与内容设计(附表3-4)

学习目标与内容设计　　附表3-4

学习情境(任务/项目)	学习目标	学习内容
任务1.计算机绘图软件的认识与使用	1.了解AutoCAD软件的作用及特点; 2.能使用AutoCAD软件的绘图工具、编辑工具; 3.能进行图纸版面的设计; 4.能完成简单图纸的绘制	1.AutoCAD绘图软件的作用及发展状况; 2.软件的安装; 3.软件打开、关闭及界面的认识; 4.图纸文件的创建及保存; 5.AutoCAD的坐标系及坐标表示法; 6.绘图环境的设置; 7.AutoCAD常用绘图工具的使用; 8.AutoCAD常用编辑工具的使用; 9.图层与线层的特点及使用; 10.文字与尺寸标注; 11.图纸的输出打印
任务2.智能停车场设备施工图设计与绘制	1.能识别停车场的施工图纸; 2.描述停车场施工图纸设计的原则及标准; 3.能根据任务要求,设计出停车场施工图; 4.能用计算机辅助软件AutoCAD绘制出施工图	1.停车场施工图纸的识别; 2.简单停车场施工图的设计与绘制; 3.多出入口智能停车场施工图的设计与绘制; 4.机械式停车场施工图的设计与绘制
任务3.智能停车场管线图设计与绘制	1.能识别停车场的管线图纸; 2.描述停车场管线设计图纸的原则及标准; 3.能根据任务要求,设计出停车场管线图; 4.能用计算机辅助软件AutoCAD绘制出管线图	1.停车场管线图纸的识别; 2.简单停车场管线图的设计与绘制; 3.多出入口停车场管线图的设计与绘制; 4.机械式停车场施工图的设计与绘制
任务4.智能交通监控综合布线图设计与绘制	1.描述综合布线的特点及作用; 2.能识别道路综合布线图; 3.描述道路综合布线的原则及标准; 4.能根据任务要求,设计综合布线图; 5.能用计算机辅助软件AutoCAD绘制出综合布线图	1.综合布线图的识别; 2.校园安防监控系统综合布线图设计; 3.校园安防监控系统综合布线图的绘制

3.2.4.2 课程实施设计(附表3-5)

课程实施设计 附表3-5

学习情境	教学方法和组织形式	教学资源配置	参考课时	学生提交成果
1. 计算机绘图软件的认识与使用	教学方法： 采用案例教学法、引导教学法、小组讨论教学方法 组织形式： 1. 明确任务：首先介绍本门课程的目的及任务1所要完成的任务及意义(1学时)； 2. 介绍软件的作用、特点及发展状况，并安装软件(2学时)； 3. AutoCAD软件界面的认识及基本绘图工具的使用(12学时)； 4. 绘图工具使用考核(2学时)； 5. 绘图编辑工具的使用(12学时)； 6. 绘图编辑工具使用的考核(2学时)； 7. 绘图界面设置的学习机考核(2学时)； 8. 图纸的输出打印(1学时)； 9. 总结本任务，并要求学生书写总结(课外完成)	教师：专业教师 场地：交通管制软件学习训练区 设备：多媒体教室	34	1. 绘制的简单基础模型； 2. 总结报告
2. 智能停车场设备施工图的设计与绘制	教学方法： 采用案例教学法、引导教学法、小组讨论教学方法、角色扮演法 组织形式： 1. 明确任务：首先介绍本任务的目的、要求及意义；介绍智能停车场设备施工图的识别及读图(2学时)； 2. 绘制所给设备的施工图(6学时)； 3. 给出一个简单停车场设备施工图的要求，并讲解要求，简介绘制简单停车场所涉及的规范(1学时)； 4. 学生根据项目要求，分组手工设计停车场草图，教师辅导；学生交流、讨论设计方案，最后教师总结设计结果(3学时)； 5. 分组讨论绘制步骤，并写成书面文档，教师总结(1学时)； 6. 学生绘制图纸，教师辅导，完成图纸的绘制(6学时)； 7. 给出多出入口智能停车场设计要求，学生根据设计要求设计并绘制施工图纸，教师辅导(6学时)； 8. 学生课外参观成都市机械式停车场，记录资料；根据收集的资料绘制机械式停车场的设备施工图纸(5学时)； 9. 书写总结报告(课外完成)	教师：专业教师、交通类工程师 场地： 1. 交通安全与智能控制系统学习训练区； 2. 校外停车场； 3. 校园智能停车场学习训练区； 4. 交通管制软件学习训练区； 设备：多媒体教室	30	1. 提交各停车场设备施工图纸； 2. 总结报告

续上表

学习情境	教学方法和组织形式	教学资源配置	参考课时	学生提交成果
3. 智能停车场管线图设计与绘制	教学方法： 采用案例教学法、引导教学法、小组讨论教学方法、角色扮演法 组织形式： 1. 明确任务：首先介绍本任务的目的、要求及意义；介绍智能停车场管线图的识别及读图（2学时）； 2. 学生绘制给出的设备管线图，教师辅导（2学时）； 3. 学生依据任务2的简单停车场建设要求，设计停车场管线图，教师辅导（4学时）； 4. 学生交流、讨论设计方案，最后教师总结设计结果（2学时）； 5. 分组讨论绘制步骤，并写成书面文档，教师总结（1学时）； 6. 学生在教师的辅导下，完成图纸的绘制（4学时）； 7. 根据任务2中的多进出口智能停车场的设计要求，小组设计并绘制管线图纸，教师辅导（8学时）； 8. 根据任务2中的机械式停车场设计方案，小组讨论设计并绘制机械式停车场的管线图（7学时）； 9. 书写总结报告（课外完成）	教师：专业教师、交通类工程师 场地： 1. 交通安全与智能控制系统学习训练区； 2. 校园智能停车场学习训练区； 3. 交通管制软件学习训练区； 设备：多媒体教室	30	1. 提交停车场管线图纸； 2. 总结报告
4. 智能交通监控综合布线图的设计与绘制	教学方法： 采用案例教学法、引导教学法、小组讨论教学方法、角色扮演法 组织形式： 1. 明确任务：首先介绍本任务的目的、要求及意义；介绍智能交通综合布线图的识别及读图（2学时）； 2. 学生现场勘察校园智能交通监控系统的布局，了解系统的功能，依据监控综合布线的规范以及查阅参考资料，设计校园监控系统的综合布线图（6学时）； 3. 学生以小组形式讨论设计方案，教师辅导，拿出最终的设计方案，最后教师总结设计结果（2学时）； 4. 分组讨论绘制步骤，并写成书面文档，教师总结（1学时）； 5. 学生在教师的辅导下，完成图纸的绘制（7学时）； 6. 书写总结报告（课外完成）	教师：专业教师、交通类工程师 场地： 1. 交通安全与智能控制系统学习训练区 2. 交通管制软件学习训练区 设备：多媒体教室	18	1. 提交交通综合布线图纸； 2. 总结报告

3.2.5 实施建议

1. 教材编写建议

依据本课程标准，结合工程特点、相关标准保证内容的可靠性、先进性、实用性。同时，教材应具有以下特点：

(1)教材应充分体现任务引领、实践导向的课程设计思想。

(2)教材以完成典型任务来驱动，采用递进和并列相结合的方式来组织编写，使学生在各种活动中锻炼发现问题、分析问题、解决问题及实际操作的能力。

(3)教材应以学生为本，力求简单、易学易懂，提高学生学习的主动性和积极性。

2. 教学建议

教学过程中，以小组为单位，每小组根据工程图纸的需要，拿出图纸的设计方案，分析设计图纸的绘制方法。小组中的每个人都必须完成图纸的绘制。

3.2.6 课程评价

采用过程评价与综合考核相结合、知识评价和操作评价相结合，突出实践操作的评价。过程评价占50%，过程评价中要体现学习任务难度，按照学习任务难度给予不同权重；通过成果展示、项目成果报告，结合课堂提问、教学参与程度和学习态度等情况综合评价学生学习过程成绩；综合性考核占50%，安排在期末，教师给定学生任务，各小组在规定的时间内完成图纸的设计与绘制，并提交图纸，根据完成图纸及答辩的情况进行考核。课程成绩分优、良好、中等、及格、不及格五个等次。具体考核比例见附表3-6。

考核比例表　　附表3-6

考核方式	考核内容	分值比例(%)
过程考核	计算机绘图软件的认识与使用	10
	智能停车场设备施工图设计与绘制	15
	智能停车场管线图设计与绘制	15
	智能交通监控综合布线图设计与绘制	10
综合考核	期末设计考核	50

3.2.7 课程资源

3.2.7.1 教学环境要求

(1)交通管制软件学习训练区：多媒体，计算机。

(2)校园智能停车场学习训练区。

(3)交通安全与智能控制系统学习训练区：小型交通系统。

3.2.7.2 参考资料

(1)周鹏翔，刘振魁.《工程制图》(第二版).高等教育出版社；

(2)文福安.《AutoCAD2005 基础教程》.人民邮电出版社；

(3)《AutoCAD 工程制图教程与上机指导》；

(4)《工程设计标准大全》；

(5)网络资源；

(6)校本教材《交通工程制图》。

3.3 城市道路交通监控执法系统集成与应用维护课程标准

适用专业:交通安全与智能控制

总学时/总学分:128 学时/8 学分

3.3.1 课程性质

本课程是交通安全与智能控制专业城市智能交通方向的一门专门化课程,主要面向城市智能交通系统集成公司、视频监控高新技术企业、监控设备供应厂商、安防工程企业,培养学生从事城市道路交通监控执法系统及同类系统工程建设、现场施工组织与管理、系统应用与维护、售后技术支持等工作的职业能力。

先修课程有现代交通工程技术、计算机工程应用、电工电子产品制作、交通工程制图、PLC应用。后续课程有企业顶岗实习、毕业综合能力考核。

3.3.2 设计思路

根据本专业人才培养目标,结合实践专家访谈会得出的典型工作任务,深入相关企业调研,认真分析和归纳生产、建设、服务和管理等一线工作的职业能力要求,再通过教育教学专家指导,企业技术人员参与论证,设计学习任务。

该课程作为一门专门化课程,在教学进度安排上处于承前启后的位置,课程内容选取要考虑与其他课程的衔接关系,避免与相近课程在内容上的重复、冲突;同时要考虑学生的学习基础,难易要适度。

本课程主要针对系统集成与应用维护、售后技术支持、现场施工组织与管理等岗位培养学生职业能力,课程内容设计应涵盖完整的工作过程:招标→投标→施工前的准备工作(中标后进行现场勘察、施工图纸制作、施工计划书编制、设备器材准备、施工工具准备)→现场施工(包括立杆基础制作、窨井制作、接地体安装、立杆安装、摄像机云台安装、管线敷设、接线头制作、系统安装调试)→后期工作(包括系统试运行、用户培训、项目验收、交付使用)→系统保养维护。

知识的学习、技能的训练、能力的培养要按照由简单到复杂的顺序进行,要符合由外围到内核的认知规律。

教学组织依托城市道路交通监控执法系统的真实环境,以学习任务为驱动,“理实一体,做学合一”实施教学,将知识学习融入实践操作,“做中学,学中做”。

本课程采用形成性评价、总结性评价相结合的方式进行教学评价,侧重于形成性评价;考核形式采用组内互评 + 组间互评 + 教师评定相结合进行。

3.3.3 课程目标

学生在教师指导下,参照一个城市道路交通监控执法系统建设项目,按照合同要求,勘察施工环境,编写施工计划书,预算工程费用,按计划分组分工,选购设备器材,准备施工工具;严格按照国家和行业标准、规范以及工艺要求,结合系统特性及工作原理,进行设备组装、系统安装、调试、操作和维护，并填写过程记录；编制、整理、归档工程技术文档；根据学习情况，撰写并提交学习报告；最后，参照招、投标文件样本，练习系统方案设计和招、投标文件编写。

通过本课程的学习，学生能够描述城市道路交通监控执法系统的构成和工作流程；能够描述各系统主要设备的功能和关键技术指标；能够描述各应用软件的功能和特点；能够描述工程现场勘察内容和方法；能够描述施工规范和安全要求；能够描述系统常见故障现象及排除方法；能够描述系统方案设计要点；能够描述系统招投标文件编写要点。

通过本课程的学习，学生能够在项目实施前，对工程现场进行勘察，绘制施工图，制订施工计划；能够根据施工图和施工规范要求，进行前端系统管线敷设及通断测试；能够按照规范要求，进行前端设备安装调试和相关电气性能测试；能够根据要求，进行系统联机调试；能够按要求操作相关应用软件；能够对系统关键设备进行日常保养维护；能够对系统常见故障进行诊断与排除；能够协助编写招投标文件。

通过本课程的学习，进一步培养学生实际动手能力、独立工作能力、语言表达能力；增强团队协作意识；提高工程安全意识；树立良好的劳动纪律观念；养成正确的仪器设备使用习惯。

3.3.4 课程设计

3.3.4.1 学习目标与内容设计(附表3-7)

学习目标与内容设计　　附表3-7

学习任务	学习目标	学习内容
任务1. 城市道路交通监控执法系统认识	能描述城市道路交通监控执法系统构成及工作流程； 能根据案例，分析系统结构，并绘制系统结构图	城市道路交通监控执法系统发展； 城市道路交通监控执法系统功能及分类； 城市道路交通监控执法系统结构图绘制
任务2. 基础施工	能描述立杆基础制作规范和流程； 能描述窨井制作规范和流程； 能描述管线敷设规范和流程； 能按照施工图纸及规范要求，进行管线敷设； 能描述常用管线测试方法； 能根据规范进行基础和立杆施工； 能对敷设的线缆进行通断测试； 能根据规范制作各种接线头	基础施工部件认识； 立杆基础制作； 窨井制作； 接地体安装； 立杆安装； 管线敷设； 接线头制作
任务3. 系统安装与调试	能描述各子系统主要硬件设备功能和技术参数； 能参照设备安装手册，安装系统前端设备，包括摄像机安装、各检测主机安装、设备机柜安装、护罩安装、闪光灯安装、避雷设备安装、通信设备安装等，安装完毕后，能够对设备进行调试和相关电气性能测试； 能参照设备安装手册和系统使用说明书，安装指挥中心相关服务器、工作站及软件系统； 能参照系统使用说明书和相关技术手册进行系统联机调试	主要硬件设备认识； 设备安装与调试； 软件系统安装与配置； 系统联机调试
任务4. 系统保养维护	能描述系统常见故障诊断及排除方法； 能对系统关键设备进行日常保养维护； 能对系统关键设备进行常见故障诊断与排除； 能按要求对数据进行审核、保管、交接和注销	系统日常保养与维护； 常见故障诊断与排除

续上表

学习任务	学习目标	学习内容
任务5.系统方案设计	能描述系统集成实施流程； 能描述系统施工方案设计要点； 能描述招投标、施工和维护文档编写要点； 能参照范例，按要求撰写招投标和施工文档	相关行业标准和规范； 系统集成实施流程； 招投标基本知识； 系统施工方案设计； 招投标文档撰写

3.3.4.2 课业实施设计(附表3-8)

课业实施设计 附表3-8

学习任务	教学方法和组织形式	教学资源配置	参考课时	学生提交成果
任务1.城市道路交通监控执法系统认识	教学方法：引导文法、案例法、讲授法、调查法 教学组织： 1.明确任务：城市道路交通监控执法系统结构图绘制(0.2学时)； 2.教师介绍城市道路交通监控执法系统发展(0.8学时)； 3.教师展示并以引导问题的方式，引导学生认识系统组成结构(1学时)； 4.学生独立参考资料，完成一个城市道路交通监控执法系统结构图的绘制，教师辅导(5学时)； 5.学生成果展示，教师评价、总结(1学时)	教师：1名 场地：理实一体教室 资料：城市道路交通监控执法系统结构图样例	8	根据任务完成的城市道路交通监控执法系统结构图
任务2.基础施工	教学方法：引导文法、演示法、讲授法、小组讨论法 教学组织： 1.明确任务：完成一个子系统基础施工，包括立杆基础制作、窨井制作、接地体安装、立杆安装、摄像机云台安装、管线敷设及测试、接线头制作(2学时)； 2.教师展示、演示，并以引导问题的方式，引导学生认识基础施工部件，学习立杆基础制作、窨井制作、接地体安装、立杆安装、摄像机云台安装、管线敷设及测试、接线头制作方法及规范(8学时)； 3.学生分小组，制订、讨论并确定实施计划，教师指导(2学时)； 4.学生根据实施计划，完成基础制作、窨井制作、接地体安装、立杆安装、摄像机云台安装、管线敷设及测试、接线头制作(16学时)； 5.小组间小结、互评，教师点评、总结(4学时)	教师：1名 施工技术人员：1名 场地：理实一体教室、校园道路 资料：《中华人民共和国公共安全行业标准》(GA 47—2000)(GB 4728)《电气图用图形符号国家标准》、《工业电视系统工程设计规范》(GB 50—2009)《邮电通信电源设备安装设计规范》、(YDJ 1—1989)《保护接地和防雷接地标准》(IEC364—4—41)	32	1.实施计划； 2.制作完成的立杆基础、窨井； 3.安装完成的接地体、立杆、摄像机云台； 4.敷设完成的管线； 5.制作完成的接线头

续上表

学习任务	教学方法和组织形式	教学资源配置	参考课时	学生提交成果
任务3. 系统安装与调试	教学方法：引导文法、演示法、讲授法、小组讨论法、调查法 教学组织： 1. 明确任务：选择完成2个子系统进行主要设备拆装、系统安装调试，使系统运行正常（2学时）； 2. 教师展示、演示，并以引导问题的方式，引导学生认识主要设备，学习主要设备拆装和调试方法，学习系统安装、调试和联机调试方法，学习系统常见故障诊断及排除方法（8学时）； 3. 学生分小组，制订、讨论并确定实施计划，教师指导（2学时）； 4. 学生根据实施计划，完成系统安装和调试（24学时）； 5. 小组间小结、互评，教师点评、总结（4学时）	教师：1名 施工技术人员：2名 场地：理实一体教室、校园道路 资料：《中华人民共和国公共安全行业标准》（GA 47—2000）《电气图用图形符号国家标准》（GB 4728）、《工业电视系统工程设计规范》（GB 50115—2009）、《邮电通信电源设备安装设计规范》（YDJ 1—1989）、《保护接地和防雷接地标准》（IEC364—4—41）、相关设备安装手册	40	1. 实施计划； 2. 按要求安装调试完成的子系统
任务4. 系统保养维护	教学方法：引导文法、演示法、讲授法、小组讨论法 教学组织： 1. 明确任务：选择完成2个子系统进行保养维护（2学时）； 2. 教师展示、演示，并以引导问题的方式，引导学生学习关键设备的日常保养维护内容与方法，学习数据审核、保管、交接和注销方法（6学时）； 3. 学生分小组，制订、讨论并确定实施计划，教师指导（2学时）； 4. 学生根据实施计划，完成系统保养维护（10学时）； 5. 小组间小结、互评，教师点评、总结（4学时）	教师：1名 场地：理实一体教室、子系统现场 资料：城市道路交通监控执法系统结构图、相关设备安装手册、相关系统使用说明书	24	1. 实施计划； 2. 完成系统保养与维护，符合相关要求
任务5. 系统方案设计	教学方法：引导文法、演示法、讲授法、小组讨论法、案例法、角色扮演法 教学组织： 1. 明确任务：了解系统投标文件的构成及要点，完成1个城市道路交通监控执法系统施工方案设计和招投标文件中施工维护内容的编写（1学时）； 2. 教师以一个系统项目招投标文件范例为载体，介绍系统方案设计要点，解析系统招投标文件设计思路、内容及编写要点（3学时）；	教师：1名 项目经理：1名 场地：理实一体教室 资料：《中华人民共和国公共安全行业标准》（GA 47—2000）、《民用闭路监视电视系统工程技术规范》（GB 50198—1994）、《电气图用图形符号国家标准》（GB 4728）、《工业电视系统工程设计规范》（GB 50115—2009）、《邮电通信电源设备安装设计规范》（YDJ 1—1989）、《保护接地和	24	1. 实施计划； 2. 完成设计的系统方案； 3. 招标文件、投标文件； 4. 完成模拟招投标，符合相关要求

续上表

学习任务	教学方法和组织形式	教学资源配置	参考课时	学生提交成果
任务5.系统方案设计	3.学生分小组，制订、讨论并确定实施计划，教师指导(2学时)； 4.学生根据实施计划，参照范例，进行系统方案设计和招投标文件编写(12学时)； 5.学生分小组，拟定实施计划，分组模拟招投标(5学时)； 6.小组间小结、互评，教师点评、总结(1学时)	防雷接地标准》(IEC364—4—41)、招投标文档范例		

3.3.5 实施建议

3.3.5.1 教学材料编写建议

(1)高职教育的教学材料，应该体现出职业的特点，其取材应该面向行业和企业，以培养学生综合职业能力为主，最终要服务于行业企业发展。所以，教学材料建设应校企合作，共同开发、编写。

(2)教学材料内容和素材的选取，项目的设计，案例的引用，也要以综合职业能力培养为目标，要符合以学生为主体的需要，以及理实一体教学的要求；教学材料文字表述要简明扼要、通俗易懂，内容可通过图文并茂的形式来展现，突出重点、难点，要易于学生理解和掌握，易于技能训练，易于综合职业能力培养。

3.3.5.2 教学建议

(1)教学前应该向学生提供或推荐相关国家、行业标准和规范，以及相关系统使用说明书和设备操作与维护手册，还可以将相关操作步骤和规范做成展板的形式。

(2)教学组织建议采用理实一体教学，有条件的，还可以结合真实工程现场实际操作来组织教学。如果设备容量或台组数不够，实践操作训练可以分组进行。

(3)根据实际情况，教学方法可以有针对性地采用引导文法、演示法、小组讨论法、案例法、角色扮演法、调查法等教学方法，以学生学习效果最佳为目标。

3.3.6 课程评价

本课程采用形成性评价、总结性评价相结合的方式进行教学评价。形成性评价是对学生在学习过程中学习任务完成效率、完成质量、团队合作精神、学习态度和安全意识进行评价；总结性评价是在每个学习任务完成后，对学生学习目标总体完成情况进行评价。

形成性评价主要以实际操作考核为主，结合提交书面作业进行；总结性评价以提交报告、学习成果验收、学习总结为主，结合笔试进行。

考核形式采用组内互评+组间互评+教师评定相结合进行。

具体评价可参照附表3-9。

课 程 评 价 表

附表 3-9

序号	学习任务	评价目标	评价方式	评价分值
1	城市道路交通监控执法系统认识	能正确描述系统构成及工作流程； 能根据案例，分析系统结构，绘制系统结构图	形成性评价 + 总结性评价	5
2	基础施工	能按照施工图纸及规范要求，进行管线敷设； 能按照施工图纸及规范要求，安装地笼、接地体和立杆； 能按照施工图纸及规范要求，安装摄像机云台； 能对敷设的线缆进行通断测试； 能根据规范，按要求制作各种接线头	形成性评价 + 总结性评价	15
3	系统安装与调试	能描述各系统主要硬件设备功能和关键技术参数； 能参照设备安装手册，按规范要求安装系统前端设备，包括摄像机安装、各检测主机安装、设备机柜安装、护罩安装、闪光灯安装、避雷设备安装、通信设备安装等，并能对设备进行调试和相关电气性能测试，安装完成后，设备运行正常，电气性能指标符合要求； 能参照设备安装手册和系统使用说明书安装指挥中心相关服务器和工作站及软件系统，安装完成后，使系统运行正常； 能参照系统使用说明书和相关技术手册进行系统联机测试	形成性评价 + 总结性评价	20
4	系统保养维护	能正确描述系统常见故障诊断与排除方法； 能按要求对关键设备进行保养维护； 能按要求对关键设备进行故障诊断与排除； 能按要求对相关数据进行审核、保管、交接和注销	形成性评价 + 总结性评价	15
5	系统方案设计	能正确描述系统项目的实施流程； 能正确描述系统方案的设计要点； 能正确描述招投标施工维护文档编写要点； 能参照范例，按要求设计系统方案； 能参照范例，按要求撰写招投标文件	形成性评价 + 总结性评价	15
6	理论考核			30
合计				100

3.3.7 课程资源

(1)校企合作，建立教学素材库和案例库。

(2)充分利用校外实训基地的生产环境和职业氛围，促进学生职业素质养成和综合职业能力培养。

(3)积极开发多媒体课件,利用音、视、图吸引学生学习注意力,激发学习兴趣。

(4)建立互动性较强的动态网站,将教学资源挂网,促进学生自主学习能力。

(5)向学生推荐与课程相关的优秀电子书籍、电子期刊、数字图书馆和网站等网络资源,促进学生知识和能力的拓展。

(6)相关行业标准和技术规范:

①《闯红灯自动记录系统通用技术条件》(GA/T 496—2009);

②《公路车辆智能监测记录系统通用技术条件》(GA/T 497—2009);

③《机动车测速仪》(GB/T 21255—2007);

④《机动车号牌图像自动识别技术规范》(GA/T 833—2009);

⑤《交通安全违法行为图像取证技术规范》(GA/T 832—2009);

⑥《中华人民共和国机动车号牌》(GA 36—2007);

⑦《公路照明技术条件》(JT/T 367—1997);

⑧《道路交通信号控制机》(GA 47—2002);

⑨《民用闭路监视电视系统工程技术规范》(GB 50198—1994);

⑩《安全防范工程程序与要求》(GA/T 75—1994);

⑪《安全防范系统通用图形符号》(GA/T 74—2000);

⑫《通用用电设备配电设计规范》(GB 50055—1993);

⑬《工业与民用电力装置的接地设计规范》(GBJ 65—1983);

⑭《工业计算机监控系统抗干扰技术规范》(CECS 81—1996);

⑮《计算机信息系统安全产品部件第1部分:安全功能检测》(GA 216.1—1999);

⑯《计算机信息系统雷电电磁脉冲安全防护规范》(GA 267—2000);

⑰《电子测量仪器质量检验规则》(GB/T 6593—1996);

⑱《电工电子产品应用环境条件第1部分:贮存》(GB 4798.1—2005);

⑲《电视系统视频指标》CCTR RECOMMENDATION 472—3。

3.4 高速公路机电系统集成与应用维护课程标准

适用专业:交通安全与智能控制

总学时/学分:128 学时/8 学分

3.4.1 课程性质

本课程是交通安全与智能控制专业的专业核心课程,着力培养学生机电系统集成与应用维护能力、团队协作能力和分析解决问题的能力,为学生从事高速公路机电系统集成与应用维护等相应工作提供知识和能力保障。

前修课程有:《现代交通工程技术》、《计算机工程应用》、《交通工程制图》《电工电子产品制作》、《交通工程制图》、《PLC 应用》。同修课程有:《智能停车场系统集成与应用维护》、《城市交通智能监控系统集成与应用维护》、《计算机网络通信技术应用》、《技能鉴定》;后续课程有:《交通信息管理系统设计与开发》、《顶岗实习》、《毕业综合能力考核》。

3.4.2 设计思路

(1)内容来源:基于高速公路机电系统集成与应用维护的工作过程进行课程设计,通过实践专家访谈会和企业调研,并对实践专家访谈会得出的典型工作任务进行分析,确定了与本专业人才培养目标相适应的5个学习任务。

(2)内容编排:学习任务以高速公路机电系统的典型工作任务为载体,按照由单一到综合、由简单到复杂的结构来编排课程内容。

(3)教学安排:引入"任务驱动"的教学组织形式,以特定的学习任务为解决目标,以工作过程为主线实施理论教学。采用了项目教学法、引导文教学法、小组讨论法等多种教学方法,以学生为主、教师为辅,教师提出项目任务,学生按照计划、实施、控制、评价的工作过程主动参与,实现双边互动的教学效果。

(4)考核方法:课程的考核采用过程性评价和结果性评价相结合的形式,侧重于过程性评价。

3.4.3 课程目标

通过该门课程的学习,学生能够根据高速公路机电工程项目,拟订实施计划,选用机电系统设备;能根据设备特性及工作原理,安装、调试机电系统;能根据行业标准,规范整理施工文件,提供技术培训和技术跟踪服务;能根据机电系统的设备技术资料、操作手册,开展收费操作以及特殊情况处理、进行收费过程监控;能根据运营管理需求,获取联网收费、监控信息。能根据维护手册,进行系统的简单故障处理和日常维护,编制维护报告。

学习本课程后,学生应当能够进行高速公路机电系统集成与应用维护,包括:

(1)描述机电系统的功能、特点,发展趋势;

(2)描述机电设备的组成、结构、功能特点、技术指标及安装注意事项;

(3)能根据案例,分析某路段机电系统建设的功能需求、管理体制等,根据教师提供的参考方案,选择和优化出系统集成方案;

(4)描述机电系统的施工规范和建设流程;

(5)能根据施工方案,按照施工工艺及规范,进行外场基础施工;

(6)能遵照施工图纸,进行系统设备安装、接线与调试;

(7)能完成系统软件的安装、调试;

(8)能按照系统建设技术指标,进行系统联合调试,填写调试记录,编制竣工文件;

(9)能制订培训内容和计划,并按计划对业主进行专业培训;

(10)能根据机电系统日常维护内容及方法,对系统进行日常维护保养,并编制维护报告;

(11)能根据故障诊断方法,制订经济的维修方案,处理简单的系统故障,编制维修报告。

3.4.4 课程设计

3.4.4.1 学习目标与内容设计(附表3-10)

学习目标与内容设计 附表 3-10

学习情境 （任务/项目）	学习目标	学习内容
任务 1. 收费系统安装与调试	1. 描述收费系统的管理体制及目标；掌握收费制式与方式、车型分类标准，能够根据计重收费费率计算通行费； 2. 描述收费系统的发展趋势； 3. 描述收费站—收费车道级收费系统的组成、结构、功能特点； 4. 描述收费系统的建设流程； 5. 描述收费系统中常用设备的名称、功能特点和安装注意事项； 6. 能根据施工方案，按照施工工艺及规范，进行基础施工； 7. 能遵照施工图纸，正确使用工具仪器，安全规范地进行收费系统设备的安装、接线与调试； 8. 能够熟练安装收费系统软件，并能正确操作； 9. 能按照系统建设技术指标，进行收费系统调试，做好调试记录； 10. 在上述过程中进行施工组织和现场管理； 11. 进行施工质量和进度控制，能解决施工中的技术问题	1. 收费制式与方式，车型分类及费率计算； 2. 收费系统的发展趋势； 3. 典型收费系统的网络结构、功能及设备组成； 4. 收费系统方案设计及施工图纸； 5. 综合布线规范及材料； 6. 收费系统中的关键设备（车道控制器、自动栏杆机、计重仪、车牌识别器、卡机等系统设备）安装接线、调试方法； 7. 收费软件的安装与调试流程； 8. 竣工资料内容与编制方法； 9. 现场施工组织与管理方法； 10. 常用仪器、工具的使用方法
任务 2. 监控系统安装与调试	1. 描述监控系统的结构、功能及特点； 2. 描述监控系统的发展趋势； 3. 描述监控外场设备的组成、结构、功能特点； 4. 描述监控系统建设流程； 5. 描述监控系统中常用设备的名称、功能特点和安装注意事项； 6. 根据施工方案，按照施工工艺及规范，进行外场基础施工； 7. 能遵照施工图纸，正确使用工具仪器，安全规范地进行监控系统设备的安装、接线与调试； 8. 能够熟练安装监控系统软件，并能正确操作； 9. 按照系统建设技术指标，进行监控系统调试，做好调试记录； 10. 进行施工质量和进度控制，能解决施工中的技术问题	1. 监控系统的发展趋势； 2. 监控系统的组成及结构； 3. 监控系统方案设计及施工图纸； 4. 外场电缆敷设规范、外场设备基础制作； 5. 监控系统设备的安装接线、调试方法； 6. 监控软件的安装与调试流程； 7. 竣工资料的内容与编制方法； 8. 现场施工组织与管理方法
任务 3. 通信系统安装与调试	1. 描述通信系统的结构、功能及系统的发展趋势； 2. 描述收费站级通信节点的组成、结构、功能特点； 3. 描述通信系统建设流程； 4. 描述通信系统中常用设备的名称、功能特点和安装注意事项； 5. 能遵照施工图纸，正确使用工具仪器，安全规范地进行通信系统设备的安装、接线与调试； 6. 能按照通信系统建设技术指标，进行通信系统调试，做好调试记录； 7. 在上述过程中进行施工组织和现场管理； 8. 进行施工质量和进度控制，能解决施工中的技术问题	1. 通信系统的发展趋势； 2. 通信系统的组成及结构； 3. 通信系统施工计划及施工图纸； 4. 通信系统设备安装接线、调试方法； 5. 竣工资料内容与编制方法； 6. 现场施工组织与管理方法

续上表

学习情境（任务/项目）	学习目标	学习内容
任务4. 机电系统集成与应用维护	1. 能按照系统建设技术指标，进行收费、通信、监控三大系统的集成； 2. 能进行站级机电系统的联合调试，并做好调试记录； 3. 能应用收费软件，进行收费操作及特殊情况处理； 4. 能应用监控软件，进行收费过程监控及道路监控； 5. 能根据运营管理需求，获取联网收费、监控信息； 6. 描述机电系统日常维护内容及方法，并能够利用专用工具、仪器仪表等，对系统进行日常维护保养； 7. 能根据故障内容分析故障原因，并制订经济的维修方案	1. 掌握机电系统的调试流程和方法； 2. 常用仪器、工具的使用方法； 3. 机电系统的日常维护； 4. 故障诊断方法和排除方法； 5. 维护报告的编制
任务5. 机电系统方案设计	1. 阅读招标文件，理解招标文件技术要求； 2. 描述投标技术文件的组成； 3. 描述机电系统的设计目标、原则和系统的特点； 4. 描述三大系统的总体方案； 5. 能分部描述收费系统、监控系统、通信系统三大系统的功能、结构与设备组成及详细的方案设计； 6. 能根据相关施工条件及内容、范围，编制施工组织及施工计划； 7. 能利用绘图软件，绘制技术图纸； 8. 能编制培训计划，并按照计划内容对业主进行培训	1. 机电系统方案设计； 2. IC卡管理方案； 3. 收费、监控系统软件设计方案； 4. 机电设备选型； 5. 成本计算； 6. 施工组织设计方案； 7. 机电系统结构图的编制； 8. 培训计划的编制

3.4.4.2 课程实施设计(附表3-11)

课程实施设计 附表3-11

学习任务	教学方法和组织形式	教学资源配置	参考课时	学生提交成果
任务1. 收费系统安装与调试	教学方法： 引导文教学法、小组讨论法等 教学组织： 1. 教师介绍某收费站收费系统的概况，讲授收费系统集成的基础知识、设备选型及系统方案(4学时)； 2. 学生参观校内或校外实训基地的收费系统，获得感性认识，分组进行勘察并记录(4学时)； 3. 教师提出另一个收费系统安装调试需求，学生阅读分析自己收集的资料和教师提供的学材；设计收费系统施工流程及安装调试方案，分组讨论并说明理由(12学时)； 4. 教师总结各组方案，并总结收费系统安装调试的流程(2学时)； 5. 考核评价、总结(2学时)	教师：两名教师 场地：校内智能交通综合实训基地、多媒体教室 设备：机电设备一套 工具：布线施工工具、电工电子仪器仪表 资料：学材，相关国家和行业标准、规范，《高速公路收费系统理论与方法》(人民交通出版社)，《高速公路收费系统理论及应用》(电子工业出版社)等	24	1. 实训报告； 2. 收费设备及软件的安装、调试操作

续上表

学习任务	教学方法和组织形式	教学资源配置	参考课时	学生提交成果
任务2. 监控系统安装与调试	教学方法： 引导文教学法、小组讨论法、角色扮演法等 教学组织： 1. 教师介绍某收费站监控系统的施工流程与施工组织等；讲解各设备的安装、调试方法和常见问题(4学时)； 2. 学生参观校内或校外的实训基地监控系统，熟悉设备，获得感性认识，分组进行勘察并记录，并通过角色扮演进行施工管理(4学时)； 3. 学生阅读分析自己收集的资料和教师提供的学材；设计监控系统施工流程及安装调试方案，分组讨论并说明理由(12学时)； 4. 教师总结各组方案，并总结监控系统安装调试的流程(2学时)； 5. 考核评价、总结(2学时)	教师：两名教师 场地：校内智能交通综合实训基地、多媒体教室 设备：机电设备一套 工具：布线施工工具、电工电子仪器仪表 资料：学材，相关国家和行业标准，《收费与监控》(人民交通出版社)、《高速公路从业人员培训教程——机电岗位》(人民交通出版社)、《高速公路监控系统理论及应用》(电子工业出版社)等	24	1. 实训报告； 2. 监控设备及软件的安装、调试及操作
任务3. 通信系统安装与调试	教学方法： 引导文教学法、小组讨论法、角色扮演法等 教学组织： 1. 教师介绍某站级通信系统的施工流程与施工组织等；讲解各设备的安装、调试方法和常见问题(4学时)； 2. 学生参观校内或校外的实训基地通信系统，熟悉设备，获得感性认识，分组进行勘察并记录，并通过角色扮演进行施工管理(4学时)； 3. 学生阅读分析自己收集的资料和教师提供的学材；设计通信系统施工流程及安装调试方案，分组讨论并说明理由(8学时)； 4. 教师总结各组方案，并总结通信系统安装调试的流程(2学时)； 5. 考核评价、总结(2学时)	教师：两名教师 场地：校内智能交通综合实训基地、多媒体教室 设备：机电设备一套 工具：电工电子仪器仪表 资料：学材，相关国家和行业标准，《高速公路从业人员培训教程——机电岗位》(人民交通出版社)、《高速公路通信系统理论及应用》(电子工业出版社)等	20	1. 实训报告； 2. 通信设备及软件的安装、调试及操作
任务4. 机电系统集成与应用维护	教学方法： 引导文教学法、小组讨论法、角色扮演法等 教学组织： 1. 教师介绍某收费站机电系统的概况，讲授机电系统集成的基础知识、设备选型及光缆施工方案(8学时)； 2. 学生参观校内或校外实训基地的机电系统，获得感性认识，分组进行勘察并记录(8学时)；	教师：两名教师 场地：校内智能交通综合实训基地、多媒体教室 设备：机电设备一套 工具：电工电子仪器仪表 资料：学材，相关国家和行业标准，人民交通出版	30	1. 实训报告； 2. 系统设备及软件的应用及维护操作

续上表

学习任务	教学方法和组织形式	教学资源配置	参考课时	学生提交成果
任务4. 机电系统集成与应用维护	3. 教师提出另一个机电系统的业务需求,学生阅读分析自己收集的资料和教师提供的学材;明确机电系统集成的目标,分组讨论设计优化系统集成方案,并说明理由(10学时); 4. 教师讲评,并总结各组机电集成与应用维护方案(2学时); 5. 考核评价、总结(2学时)	社出版的《高速公路机电系统安装、应用与维护》、《高速公路机电系统》、《高速公路从业人员培训教程——机电岗位》	30	1. 实训报告; 2. 系统设备及软件的应用及维护操作
任务5 机电系统方案设计	教学方法: 引导文教学法、小组讨论法、角色扮演法等 教学组织: 1. 教师介绍某高速公路站级机电系统方案,讲解各设备结构、功能、型号及技术指标等(2学时); 2. 学生参观收费站级机电系统,获得感性认识,分组进行现场勘察并记录(4学时); 3. 教师提出另一个站级机电系统的需求,学生阅读分析自己收集的资料和教师提供的学材;通过扮演设计人员明确机电系统集成的目标,分组讨论设计优化机电系统集成方案,并说明理由(20学时); 4. 教师总结各组方案,并说明机电系统施工流程及综合布线施工方案(2学时); 5. 考核评价、总结(2学时)	教师:两名教师 场地:校内智能交通综合实训基地、多媒体教室 设备:机电设备一套 工具:电工电子仪器仪表 资料:学材,相关国家和行业标准,人民交通出版社出版的《高速公路机电系统安装、应用与维护》、《高速公路机电系统》、《高速公路从业人员培训教程——机电岗位》	30	1. 实训报告; 2. 系统方案设计及投标文件

3.4.5 实施建议

3.4.5.1 教材编写建议

(1)必须依据本课程标准编写教材。

(2)教材应充分体现任务引领、实践导向的课程设计思想。

(3)教材以完成典型工作任务来编排,采用递进和并列相结合的方式来组织编写,使学生在各种活动中学会实际操作。

(4)教材应突出实用性,应避免把职业能力简单理解为纯粹的技能操作,要具有前瞻性。应将本专业领域的发展趋势及实际操作中应遵循的新知识及时纳入其中。

(5)教材应以学生为本,文字表述要简明扼要,内容展现应图文并茂、突出重点,重在提高学生学习的主动性和积极性。

(6)教材中的活动设计要具有可操作性。

3.4.5.2 教学建议

(1)应加强对学生实际职业能力的培养,强化案例教学或项目教学,注重以任务引领型案例或项目诱发学生学习兴趣,使学生在项目活动中掌握相关的知识和技能。

(2)应以学生为本,注重“教”与“学”的互动。通过选用典型工作任务,由教师提出要求或示范,组织学生进行活动,让学生在活动中提高实际操作能力。

(3)应注重职业情境的创设,提高学生岗位适应能力。

(4)根据课程内容以及设置的不同,有条件地选择案例教学法、角色扮演法、项目教学法、引导课文教学法、小组讨论法等多种教学方法。

3.4.6 课程评价

采用过程考核与结果考核相结合,理论考核和操作考核相结合的方式,突出对过程考核的评价。理论考核占20%,以笔试形式进行;过程考核占60%,过程评价中应体现学习任务难度,按照学习任务难度给予不同权重,通过课堂提问、学生作业、实训报告、教学参与程度等情况评价学生学习过程成绩;操作结果考核占20%。课程成绩分优、良好、中等、及格、不及格五个等次。

考核中各部分所占的考核比例按照附表3-12所给出的比例进行计算。

课程评价表　　附表3-12

考核方式	考核内容	评价方面	总分比例(%)
过程考核	1.收费系统安装与调试	课堂提问、学生作业、实训报告、操作过程、教学参与程度等	10
	2.监控系统安装与调试		10
	3.通信系统安装与调试		10
	4.机电系统集成与应用维护		20
	5.机电系统方案设计		10
综合考核	理论考核(笔试形式)	高速公路机电系统集成与应用维护的相关知识	20
	操作考核(操作结果)	收费操作、监控操作、机电设备的安装调试操作、日常维护操作、设定故障的查找与排除	20

3.4.7 课程资源

(1)开发录像带、视听光盘等多媒体课件,建立动态网站,将教学资源放在网上,搭建起多维、动态、活跃、自主的课程训练平台,使学生的主动性、积极性和创造性得以充分调动。

(2)搭建校企合作平台,充分利用本行业的企业资源,建立校内和校外顶岗实训基地,满足学生参观、实训和毕业实习的需要,并在合作中关注学生职业能力的发展和教学内容的调整。

(3)积极利用电子书籍、电子期刊、数字图书馆、各大网站等网络资源,使教学内容从单一化向多元化转变,使学生知识和能力的拓展成为可能。

(4)相关国家和行业标准、规范、规定:

- 《公路工程技术标准》(JTG B01—2003);
- 《公路交通安全设施施工技术规范》(JTG F71—2006);
- 《公路工程施工安全技术规程》(JTJ 076—1995);
- 《高速公路联网收费暂行技术要求》;
- 《电子信息系统机房设计规范》(GB 50174—2008);
- 《电气装置安装工程施工及验收规范》(GB 50254~GB 50257—1996);

- 《电信网光纤数字传输系统工程施工及验收暂行技术规定》(YDJ 44—1989);
- 《长途通信干线数字复用设备安装工程设计规范》(YD 2004—1992);
- 《工业企业程控用户交换机工程设计规范》(CECS 09:89);
- 《民用闭路监视电视系统工程技术规范》(GB 50198—1994);
- 《长途通信干线电缆线路工程设计规范》(YD 2002—1992);
- 《通用用电设备配电设计规范》(GB 50055—1993);
- 《电力工程电缆设计规范》(GB 50217—2007);
- 《电信专用房屋设计规范》(YD/T 5003—2005)。

3.5 智能停车场系统集成与应用维护课程标准

适用专业:交通安全与智能控制
总学时/学分:96 学时/6 学分

3.5.1 课程性质

本课程是交通安全与智能控制专业的专业核心课程,对学生综合职业能力的培养和职业素质的养成起主要支撑作用。

交通安全与智能控制专业的学生在修完专业基础课程,获得了该专业的基础知识,具备了一定的专业技能后,通过本课程的学习,可以将前面学到的知识进一步转化为学生自己的经验,强化专业技能,同时为后续课程的学习打基础,培养学生的职业岗位能力和职业素质。

本课程的先修课程包括:《现代交通工程技术》、《计算机工程应用》、《电工电子产品制作》、《交通工程制图》、《PLC 应用》;并行课程包括:《城市道路交通监控执法系统集成与应用维护》、《高速公路机电系统集成与应用维护》、《计算机网络通信技术应用》、《职业技能鉴定》;后续课程包括:《交通信息管理系统设计与开发》、顶岗实习,以及毕业综合能力考核。

3.5.2 设计思路

针对交通安全与智能控制专业建设委员会会议得出的人才培养定位,通过实践专家访谈会得到了智能停车场系统集成及应用维护这一典型工作任务,经过教学专家教学化处理得出了该学习领域。在实践专家访谈会典型工作任务描述的基础上,专业教师深入企业调研,全程跟踪多个智能停车场系统项目,结合教学专家教学化处理意见,根据工作过程划定了学习情境,根据由外围到内核、循序渐进的认知规律编排学习情境。

在教学过程中,以学生为主体,依托智能停车场系统真实环境,以真实项目为载体,做到“做中学,学中做”,以实际工作任务引导学生发现问题、分析问题、制订方案解决问题。采取案例教学法、角色扮演法、项目教学法、引导课文法等方法教学,现场教学与多媒体教室理论教学相结合,采取分组教学,开放实训场地,为学生提供充分的实践机会。

采用过程评价与综合考核相结合、知识评价和操作评价相结合的评价方式,突出对实践操作的评价。过程评价占 50%,过程评价中应体现学习任务难度,按照学习任务难度给予不同权重;通过成果展示、项目成果报告、PPT,结合课堂提问、学生作业、实训报告、教学参与程度和学习态度等情况综合评价学生学习过程成绩;综合性考核分为笔试和操作考试,其考核结果分别占整个课程考核权重的 30% 和 20%。课程成绩分优、良好、中等、及格、不及格五个等次。

3.5.3 课程目标

学生在教师指导下，以某智能停车场系统建设项目为学习任务。根据招标书的要求，勘察施工环境，设计系统技术方案，预算工程成本，制定预算表；编写施工文件；能组织人员开展项目施工组织和管理，严格按照国家及行业规范以及工艺要求，照图施工，完成设备和系统软件的安装、调试、操作和维护；编制或整理施工中的所有技术文件，按合同进行项目验收交付，为业主提供技术培训和技术跟踪服务。

学习完本课程后，学生应当能够进行智能停车场系统集成应用和维护，包括：①编制施工文件；②按照施工文件布线施工、系统硬件安装接线与调试、系统软件安装与调试、系统统调与试运行；③能组织人员进行施工，能进行施工质量和进度控制；④编制竣工资料，将系统交付业主验收，对业主进行培训；⑤进行系统日常维护和故障排除，编制维护报告；⑥能进行系统方案设计和设备选型。

3.5.4 课程设计

3.5.4.1 学习目标与内容设计

该课程主要面向智能停车场系统设备的生产与系统集成、应用、维护企业，培养能胜任智能停车场系统集成、应用、售后技术支持、施工组织与管理工作的人才，其典型工作过程是工程设计→管线敷设及测试→设备安装→系统调试→系统保养维护，其专业能力应包括知道智能停车场系统相关标准及规范，施工规范，工程量具和仪器仪表的正确使用，系统装调、运用和维护，项目施工组织与管理；方法能力应包括参考资料的查阅，需求信息的收集；社会能力应包括分析问题和解决问题的能力以及团队协作的能力。所以，课程内容的设计和顺序安排应基于其工作过程来进行，教学实施尽可能采用理实一体结合现场实务来进行（附表3-13）。

学习目标与内容设计 附表3-13

学习情境 （学习任务/项目）	学 习 目 标	学 习 内 容
任务1.智能停车场系统建设	1.描述现代停车场的管理方式及特点； 2.描述什么是智能停车场系统，分析其软硬件系统的功能； 3.描述标准一进一出停车场系统的组成及结构、功能特点； 4.根据系统组成图，列出主要设备，绘出该系统的拓扑结构图； 5.描述系统建设流程； 6.描述智能停车场常用设备的名称、功能特点和施工注意事项； 7.阅读分析典型智能停车场系统设备布设及预埋管线图，按照智能停车场系统线材、管材及布线布管规范，进行布管布线； 8.按照施工文件，正确使用工具仪器，安全规范地进行系统设备安装、接线与调试，进行系统软件安装，并进行系统软硬件统一调试； 9.按照系统建设技术指标，进行系统测试，并编制竣工资料，将系统交付业主验收； 10.进行智能停车场系统施工组织和现场管理； 11.进行施工质量和进度控制，能解决施工中的技术问题	1.国内外常见停车场类型及管理方式； 2.现代智能停车场发展趋势； 3.常见系统组成及结构； 4.智能停车场系统线材、管材及布线布管规范； 5.典型智能停车场系统设备布设及预埋管线图； 6.布线布管方法和操作规程； 7.系统设备安装接线、调试方法； 8.软件安装与调试方法； 9.竣工材料内容与编制方法； 10.现场施工组织与管理方法； 11.工具仪器的正确操作方法

续上表

学习情境（学习任务/项目）	学 习 目 标	学 习 内 容
任务 2. 系统应用培训与保养维护	1. 描述所建设系统的操作流程； 2. 制订业主培训方案； 3. 按照培训方案，进行应用培训； 4. 描述日常维护项目内容、故障诊断和排除方法； 5. 按照日常维护项目，正确使用工具和仪器，进行系统日常维护； 6. 在规定时间内分析故障原因，根据行业技术规范和维修成本，制订维修方案，按照方案快速维修； 7. 编制维护报告	1. 停车场系统管理功能； 2. 系统操作流程； 3. 培训组织和实施方法； 4. 日常维护项目内容； 5. 故障诊断方法和排除方法； 6. 维护报告编制方法
任务 3. 系统集成方案设计	1. 根据建设任务进行客户咨询和现场勘察，并从不同角度进行需求分析；描述系统设计标准和规范； 2. 根据业主要求，按照相关设计规范，编制系统设计技术方案； 3. 描述施工文件种类，包括哪些文件； 4. 根据项目要求和场地特点，因地制宜编制施工文件	1. 系统设计技术方案； 2. 设备选型； 3. 成本计算； 4. 沟通技巧； 5. 项目实施方案； 6. 系统结构图； 7. 布线施工图； 8. 设备接线图； 9. 软件安装与调试流程

3.5.4.2 课程实施设计（附表 3-14）

课程实施设计 附表 3-14

学习情境（学习任务/项目）	教学方法与组织形式	教学资源配置	参考学时	学生提交成果
一进一出智能停车场系统建设——任务 1. 系统集成方案认识	主题教学法、任务驱动法、案例教学法、分组讨论法； 校内停车场实训基地：参观，教师提出该停车场系统建设的需求；学生在教师指导下分组进行建设勘察并记录（1 学时）； 教师在多媒体教室进行智能停车场系统案例分析（2 学时）； 教师在教室讲解各协议、规范等；帮助学生进行需求分析，给出几种参考方案（2 学时）； 学生阅读分析自己收集的资料和教师提供的学材；分组讨论选择和优化系统集成方案，并说明理由；教师对学生确定的方案进行评价（5 学时）	1.《智能停车场系统集成与应用维护》自编教学材料； 2.《智能停车场系统集成与应用维护》引导课文； 3. 专职教师 1 名； 4. 校内智能停车场实训基地； 5. 常用测试仪器和工具 8 套； 6. 能容 50 人的多媒体教室一间	10	选择出的系统集成方案
一进一出智能停车场系统建设——任务 2. 系统布线施工	项目教学法、六步教学法、任务驱动法； 教师：讲解施工流程、施工方法、注意事项等，进行布线施工示范（2 学时）； 学生：学习线材规格和布线工艺要求、操作规程；进行施工准备（2 学时）；	1.《智能停车场系统集成与应用维护》自编教学材料； 2.《智能停车场系统集成与应用维护》引导课文； 3. 专职教师 3 名；	15	完成系统布线； 布线施工实训报告； 施工管理过程文档

续上表

学习情境 (学习任务/项目)	教学方法与组织形式	教学资源配置	参考学时	学生提交成果
一进一出智能停车场系统建设——任务2.系统布线施工	阅读分析典型智能停车场系统设备布设及预埋管线图,按照智能停车场系统线材、管材及布线布管规范,根据施工文件照图进行布管布线施工;通过角色扮演进行施工管理(9学时); 学生讨论布线施工和管理体会;教师评价(2学时)	4.校内智能停车场实训基地; 5.常用工具8套、万用表8只; 6.线材适量	15	完成系统布线; 布线施工实训报告; 施工管理过程文档
一进一出智能停车场系统建设——任务3.系统设备安装、接线与调试	项目教学法、六步教学法、任务驱动法; 学生:根据设备使用说明书、接线图、施工文件等进行亭外入口设备安装、接线与调试;通过角色扮演进行施工管理(4学时); 教师:讲解各设备的结构特点、原理、常见型号、厂家等;讲解调试方法和常见问题(1学时)	1.《智能停车场系统集成与应用维护》自编教学材料; 2.《智能停车场系统集成与应用维护》引导课文; 3.专职教师3名; 4.校内智能停车场实训基地; 5.常用工具8套、万用表8只; 6.相关设备、线材适量	10	实训报告; 设备安装和接线调试
一进一出智能停车场系统建设——任务4.计算机组网及系统软件安装与调试	项目教学法、六步教学法、任务驱动法、角色扮演法; 学生进行亭内设备安装与接线、计算机组网;通过角色扮演进行施工管理(3学时); 教师:讲解各设备的结构特点、原理、常见型号、厂家等;通信协议与组网方法(2学时); 学生分组进行软件系统安装与配置;通过角色扮演进行施工管理(3学时); 教师讲解软件安装需求、注意事项、开发方法、系统统一调试方法等(2学时)	1.《智能停车场系统集成与应用维护》自编教学材料; 2.《智能停车场系统集成与应用维护》引导课文; 3.专职教师3名; 4.校内智能停车场实训基地; 5.常用工具8套、万用表8只; 6.相关设备、线材适量	10	实训报告; 完成软件安装和系统调试
一进一出智能停车场系统建设——任务5.系统调试与验收交付	六步教学法、任务驱动法; 学生进行系统统调、性能测试、参数记录、系统试运行(6学时); 学生讨论系统接线施工、设备调试、软件安装、系统调试的技术方法及在该期间内的施工管理体会;教师评价(2学时); 主题教学法、任务驱动法; 学生进行系统试运行、性能测试、参数记录、收集整理过程记录文档、编制竣工材料、编制验收报告(1.5学时); 教师:讲解系统验收与交接内容和注意事项(0.5学时)	1.《智能停车场系统集成与应用维护》自编教学材料; 2.《智能停车场系统集成与应用维护》引导课文; 3.专职教师3名; 4.校内智能停车场实训基地; 5.常用工具8套、万用表8只; 6.多媒体教室	10	系统验收报告

续上表

学习情境（学习任务/项目）	教学方法与组织形式	教学资源配置	参考学时	学生提交成果
任务6.系统应用培训与保养维护	六步教学法、任务驱动法、角色扮演法； 学生角色扮演： 停车场管理人员； 按流程操作； 报表输出及分析（1学时）； 学生制度培训方案（4学时）； 角色扮演：按照方案，对使用人员进行操作和保养培训（5学时）； 学生针对操作及人员培训进行成果交流与展示；教师评价（1学时）； 学生分组进行日常保养和维护（3学时）； 教师：保养和维护内容与方法、常见故障；学习结果评价（1学时）	1.《智能停车场系统集成与应用维护》自编教学材料； 2.《智能停车场系统集成与应用维护》引导课文； 3.专职教师3名； 4.校内智能停车场实训基地； 5.常用工具8套、万用表8只； 6.多媒体教室	15	系统操作实训报告； 培训方案； 保养和维护报告
任务7.系统集成方案设计	案例教学法、任务驱动法； 在这部分穿插1个典型案例进行分析，讲解系统方案集成的方法、设计的技术要求、规范等；讲解时，可以在智能停车场系统实训场地扩展功能，在实地进行讲解（1学时）； 教师讲解系统设计原则、沟通技巧，给出某招标书，扮演业主、项目经理；讲解IC卡技术、设备型号参数等（2学时）； 学生通过阅读招标书（1学时）、现场勘察（1学时）、与业主和项目经理（教师）沟通，完成系统设计技术方案，包括系统方案设计（3学时）、设备选型（4学时）、成本计算等（2学时）； 学生总结和教师评价（1学时）； 学生根据项目要求和场地特点，因地制宜地编制施工文件： 1.项目实施方案（2学时）； 2.系统结构图； 3.布线施工图； 4.设备接线图； 5.软件安装与调试流程（2学时）； 学生总结和教师评价（1学时）	1.《智能停车场系统集成与应用维护》自编教学材料； 2.《智能停车场系统集成与应用维护》引导课文； 3.专职教师1名； 4.校内智能停车场实训基地； 5.多媒体教室	20	技术方案； 施工文件
任务8.综合性考核——操作考核	每个小组的学生抽取某故障描述，教师进行设置（1学时）； 学生限时在现场完成故障查找与排除任务，教师现场评分（5学时）	1.《智能停车场系统集成与应用维护》自编教学材料； 2.《智能停车场系统集成与应用维护》引导课文； 3.专职教师3名； 4.校内智能停车场实训基地； 5.常用工具8套、万用表8只	6	

注：本课程按1次课5学时设计。

3.5.5 实施建议

3.5.5.1 教学材料编写建议

(1)必须依据本课程标准编写教学材料。

(2)教学材料应充分体现任务引领、实践导向的课程设计思想。

(3)教学材料以完成学习情境的任务来驱动,采用递进和并列相结合的方式来组织编写,使学生在各种活动中学会实际操作。

(4)教学材料应突出实用性,应避免把职业能力简单理解为纯粹的技能操作;同时要具有前瞻性,应将本专业领域的发展趋势及实际操作中应遵循的新知识及时纳入其中。

(5)教学材料应以学生为本,文字表述要简明扼要,内容展现应图文并茂、突出重点,重在提高学生学习的主动性和积极性。

(6)教学材料中的活动设计要具有可操作性。

3.5.5.2 教学建议

(1)教学组织。按40~50人一个班级计划,将班级学生分成4个大组,每组选拔1名组长。其中,每个大组分为3个小组。每个大组分配1名指导教师和1套施工文件、3套常用工具。

在系统建设阶段,3个大组轮换进行亭外布线施工、入口设备和软件安装与调试、出口设备安装与调试,然后3个大组轮流进行系统调试与交付验收。

在系统操作与应用培训阶段,3个大组同时进行培训方案编制,通过角色扮演,同时进行客户培训,轮换进行操作培训。

3个大组轮换进行故障排除。

在进行其他学习任务时,3个大组可同时进行。

(2)应以学生为本,注重"教"与"学"的互动。通过选用典型活动项目,由教师提出要求或示范,组织学生进行活动,让学生在活动中提高实际操作能力。

3.5.6 课程评价

采用过程与目标结合的方式进行评价,结合课堂提问、现场操作、课后作业、模块考核等手段,加强实践性教学环节的考核,并注重平时采分。

强调理论与实践一体化评价,注重引导学生进行学习方式的改变。

强调课程结束后的综合评价,结合真实项目,充分发挥学生的主动性和创造力,注重考核学生所拥有的综合职业能力及水平。

建议在教学中按任务模块评分,课程结束时进行综合模块考核。

各任务模块可参照附表3-15进行评价。

课程评价表 附表3-15

考核方式	考核内容	评价方面	总分比例(%)
过程性考核	1.一进一出智能停车场系统建设; 2.系统应用培训与保养维护; 3.系统集成方案设计	出勤10%、完成质量40%、课堂表现(答问等)10%、实训报告30%、完成效率10%	20
			10
			20

续上表

考 核 方 式	考 核 内 容	评 价 方 面	总分比例(%)
综合考核	笔试	智能停车场系统集成与应用维护的相关知识	30
	操作	设定故障查找与排除	20

3.5.7 课程学习资源

(1)《安全防范系统通用图形符号》(GA/T 74—2007);
(2)《体育建筑智能化系统工程技术规程》(JGJ/T 179—2009);
(3)《民用建筑电气设计规范》(JGJ 16—2008);
(4)《智能建筑设计标准》(GB/T 50314—2006);
(5)《建筑和建筑群综合布线系统工程设计规范》(GB/T 50311—2000);
(6)《安全防范工程费用预算编制办法》(GA/T 70—2004);
(7)《火灾自动报警系统设计规范》(GB 50116—1998);
(8)《智能卡技术》,刘守义,西安电子科技大学出版社;
(9)http://www.tcc360.cn/中国智能停车网。

3.6 车载GPS集成与应用维护课程标准

适用专业:交通安全与智能控制
总学时/学分:128学时/8学分

3.6.1 课程性质

本课程是交通安全与智能控制专业的一门专业课程,对学生综合职业能力的培养和职业素质的养成起支撑作用。

通过本门课程的学习,使学生具备从事车载定位系统监控定位软件应用,终端设备安装、调试、日常维护、维修工作的高素质技术应用型人才所必需的基本知识与技能。

本课程的先修课程为:《现代交通工程技术》、《计算机工程运用》、《电工电子产品制作》;同修课程为:《道路交通监控执法系统集成与应用维护》、《计算机网络通信应用技术》、《汽车车身电气设备系统检测》、《无线通信技术在ITS中的应用》;后续课程为:《交通信息管理系统设计与开发》。

3.6.2 设计思路

针对专业建设委员会会议得出的人才培养定位,从实践专家访谈会得出车载定位与导航系统集成及应用维护这一典型工作任务,经过教学专家教学化处理得出了该学习领域。在实际专家访谈会对典型工作任务描述的基础上,专业教师深入企业调研,全程跟踪车载定位与导航系统,结合教学专家会教学化处理,依据工作过程划定了学习情境,根据由外围到内核、循序渐进的认知规律编排学习情境。

教学过程中以学生为主体,依托车载终端系统真实环境,以真实工作项目为载体,做到

"做中学,学中做",以实际工作任务引导学生发现问题、分析问题、制订方案解决问题。采取任务教学法、引导文教学法、分组教学法、小组讨论法、角色扮演法等方法教学。采取现场教学与多媒体教室理论教学相结合、分组学习和讨论相结合的方式,开放实训场地,为学生提供充分的实践机会。

采取过程评价与综合考核相结合、知识评价和操作评价相结合的评价方式,突出对实践操作的评价。课程成绩分优、良好、中等、及格、不及格五个等次。

3.6.3 课程目标

学生在教师指导下,以对某运营公司提供车辆监控解决方案项目为学习任务,完成对运营公司需求分析调查;完成硬件解决方案;完成监控软件解决方案;实现车辆终端设备测试、安装、调试、维修等技术服务;完成监控平台软件的安装、调试及维护,实现对车辆进行实时平台监控;对客户进行监控软件使用培训;处理车辆出现的常见问题及应急问题;做好售后技术服务。

学习完本课程后,学生应当能够对车辆定位与导航系统进行实现与运用,包括:①协助系统工程师编写硬件解决方案;②协助系统工程师编写软件解决方案;③组织技术人员按照解决方案对车载终端设备进行安装接线与调试、监控软件安装与调试;④能对车辆进行入网监控;⑤能解决售后的软硬件技术问题;⑥进行系统日常维护和故障排除,编制维护报告;⑦进行车载终端设备常见故障维修;⑧进行车载终端新进设备测试。

3.6.4 课程设计

3.6.4.1 学习目标与内容设计(附表3-16)

学习目标与内容设计 附表3-16

学习情境 (学习任务/项目)	学习目标	学习内容
任务1. 车载定位与导航系统认识	1. 能描述GPS系统的组成、功能及工作原理; 2. 能够描述RS遥感在车载系统中的应用; 3. 能够描述GIS地理信息系统在车载系统中的应用	1. 全球卫星定位系统(GPS)介绍; 2. 遥感系统(RS)介绍; 3. 地理信息系统(GIS)介绍
任务2. 运营车辆车载终端设备实现	1. 能够描述车载终端设备各外部接口的功能及作用; 2. 能够识别汽车电路保险图,并准确找到终端安装电源; 3. 能够识别常见汽车电路; 4. 能够快速独立安装车载GPS终端系统; 5. 能够对终端设备进行现场调试; 6. 能够向客户讲解设备使用方法及注意事项; 7. 能够现场处理车载GPS系统硬件故障; 8. 能够正确填写安装资料; 9. 能及时与客户和公司部门合作,处理应急事件; 10. 能够对新产品进行功能测试	1. 常见汽车电路介绍; 2. 车载终端设备各外部接口功能及作用介绍; 3. 车载终端电源查找方法; 4. 车载终端固定位置查找方法及注意事项; 5. GPS天线、GPRS天线安装位置及注意事项; 6. 常用安装工具的使用方法; 7. 终端设备调试方法及注意事项; 8. 终端设备登录监控平台网的方法; 9. 终端监控设备及导航仪的使用方法; 10. 安装过程常见故障处理; 11. 安装资料制作及填写; 12. 车载终端测试流程; 13. 车载终端测试方法; 14. 测试仪器使用

续上表

学习情境（学习任务/项目）	学习目标	学习内容
任务3. 运营车辆车载监控定位软件实现	1. 能介绍监控软件的基本功能； 2. 能对监控车辆出现的问题及时作出应急反应； 3. 能收集客户对于软件的改进要求，制订改进方案； 4. 能协助软件工程师进行监控软件的改进	1. 监控软件的安装； 2. 监控软件的配置及联网； 3. 监控软件的常用功能； 4. 监控软件的特殊功能； 5. 监控软件的扩展功能； 6. 车辆监控中的常见问题及处理方法； 7. 收集客户的改进要求
任务4. 运营车辆车载终端设备维修与维护	1. 能够对GPS车载终端元件及电路进行资料收集和阅读； 2. 能及时与客户或安装服务人员沟通，记录故障现象； 3. 能根据故障现象排查故障原因； 4. 能正确使用专业检测工具； 5. 能熟练处理常见故障； 6. 能制订维修记录表，并正确记录	1. GPS车载终端设备组成； 2. GPS车载终端设备主要元器件功能； 3. GPS车载终端设备电路认识； 4. 故障排查方法； 5. 检测工具使用方法； 6. 常见故障现象分析； 7. 填写维修记录； 8. 终端设备日常维护； 9. 终端设备定期维护
任务5. 特种车辆车载定位系统实现	1. 能对特种车辆进行车载定位系统需求分析； 2. 能提供系统硬件解决方案； 3. 能提供系统监控软件解决方案； 4. 能对系统问题做出解决方案	1. 特种车辆的需求分析； 2. 特种车辆的汽车电路分析； 3. 监控平台对特种车辆监控注意事项； 4. 特种车辆常见系统故障分析

3.6.4.2 课程内容框架(附表3-17)

课程内容框架 附表3-17

学习情境（学习任务/项目）	教学方法和组织形式	教学资源配置	参考课时	学生提交成果
任务1. 车载定位与导航系统认识	教师讲解GPS系统、GIS系统、RS系统的概念、组成、发展及应用知识，学生参观实训室(4学时)； 教师进行GPS系统应用案例分析(4学时)； 学生参观校外实训基地，教师讲解GPS相关应用(8学时)； 教师讲解电子地图制作过程(4学时)； 将学生分为4组，进行GPS应用案例分析及实现(2学时)	1.《车载定位与导航系统实现与应用》课程引导课文； 2.《车载定位与导航系统实现与应用》自编教材； 3. 专职教师1名； 4. 兼职教师1名； 5. 车载实训室； 6. 校外实训基地	22	1. 填写的学材； 2. 课程总结1份； 3. 课程总结PPT1份； 4. 案例分析报告每组1份
任务2. 运营车辆车载终端设备实现	完成车载监控定位系统硬件部分； 师讲解需求分析调查注意事项、调查安排、安全教育(2学时)； 将学生分为4大组，通过角色扮演或实际调查，联系调查公司，实施需求调查、作出需求分析(4学时)	1.《车载定位与导航系统实现与应用》课程引导课文； 2.《车载定位与导航系统实现与应用》自编教材； 3. 专职教师1名	42	1. 填写的学材； 2. 课程总结1份； 3. 课程总结PPT 1份； 4. 安装登记表每组1份； 5. 入网登记表每组1份

续上表

学习情境（学习任务/项目）	教学方法和组织形式	教学资源配置	参考课时	学生提交成果
任务3.运营车辆车载监控定位软件实现	完成车载监控系统软件部分； 将学生分为4大组，通过角色扮演或实际调查，联系调查公司，实施需求调查，作出需求分析（4学时）； 教师讲解监控软件功能（6学时）； 学生提供公司监控软件解决方案（4学时）； 学生通过角色扮演向客户进行软件安装、配置、联网、及功能使用的培训（6学时）； 学生通过角色扮演收集客户反馈信息及日常监控软件维护（4学时）	1.《车载定位与导航系统实现与应用》课程引导课文； 2.《车载定位与导航系统实现与应用》自编教材； 3.专职教师1名； 4.兼职教师1名； 5.车载实训室； 6.监控软件1套； 7.GSM卡4张； 8.车载终端设备4套	24	1.填写的学材； 2.课程总结1份； 3.课程总结PPT 1份； 4.软件使用报告每组1份
任务4.运营车辆车载终端设备维护与维修	学生收集终端设备常见故障（4学时）； 教师讲解测试流程及工具使用（4学时）； 学生对车载终端设备进行性能测试（4学时）； 教师讲解车载终端设备内部元件功能及原理（4学时）； 学生对故障设备进行维修（6学时）； 学生对已维修好的设备进行测试（4学时）	1.《车载定位与导航系统实现与应用》课程引导课文； 2.《车载定位与导航系统实现与应用》自编教材； 3.专职教师1名； 4.兼职教师1名； 5.车载实训室； 6.监控软件1套； 7.GSM卡4张； 8.车载终端设备20套	26	1.填写的学材； 2.课程总结1份； 3.课程总结PPT 1份； 4.测试报告每组1份； 5.维修记录报告每组1份
任务5.特种车辆车载定位系统实现	将学生分为4组对特种行业车辆进行调查分析，制订调查方案，绘制调查表格（4学时）； 学生提供硬件解决方案（4学时）； 学生提供软件解决方案（4学时）； 学生小组间互评（2学时）	1.《车载定位与导航系统实现与应用》课程引导课文； 2.《车载定位与导航系统实现与应用》自编教材； 3.专职教师1名； 4.兼职教师1名； 5.车载实训室	14	1.填写的学材； 2.课程总结1份； 3.课程总结PPT 1份； 4.系统解决方案报告

3.6.5 实施建议

3.6.5.1 教材编写建议

（1）必须依据本课程标准编写教材。

（2）教材应充分体现任务引领、实践导向的课程设计思想。

（3）教材以完成任务的典型活动项目来驱动，采用递进和并列相结合的方式来组织编写，使学生在各种活动中学会实际操作。

（4）教材应突出实用性，应避免把职业能力简单理解为纯粹的技能操作，同时要具有前瞻性。应将本专业领域的发展趋势及实际操作中应遵循的新知识及时纳入其中。

(5)教材应以学生为本，文字表述要简明扼要，内容展现应图文并茂、突出重点，重在提高学生学习的主动性和积极性。

(6)教材中的活动设计要具有可操作性。

3.6.5.2　教学建议

(1)教学组织。按40~50人一个班级计划，将班级学生分成4个大组，每组选拔1名组长。每组分配5套车载设备、5套常用工具、1张GSM卡等。4个组同时进行安装测试、维护维修方案编制，通过角色扮演同时进行客户培训，轮换进行操作培训。

(2)应以学生为本，注重“教”与“学”的互动。通过选用典型活动项目，由教师提出要求或示范，组织学生进行活动，让学生在活动中提高实际操作能力。

3.6.6　课程评价

过程与目标结合评价，结合课堂提问、现场操作、课后作业、模块考核等手段，加强实践性教学环节的考核，并注重平时成绩。

强调课程结束后综合评价，结合真实项目，充分发挥学生的主动性和创造力，注重考核学生的综合职业能力及水平。

建议在教学中按任务模块评分，课程结束时进行综合模块考核。

教学过程中，要以学生为本，教师进行适当指导。教师可根据实践教学过程中出现的问题，对必备的知识点、基本技能进行讲解和指导，再根据考核标准进行测试，教师签字认可学生已完成的实训项目。

任务模块可参照附表3-18进行评价。

课程评价表　　附表3-18

考核方式	考核内容	评价方面	总分比例(%)
过程性评价	车载定位与导航系统认识	出勤、任务完成质量、课堂表现、实训报告、完成效率	5
	运营车辆车载终端设备实现		25
	运营车辆车载监控定位软件实现		20
	运营车辆车载终端设备维修与维护		20
	特种车辆车载定位系统实现		10
综合性评价	笔试	车载系统相关知识	20

3.6.7　教学资源

参考资料：

(1)《智能车辆定位导航系统与应用》，张其善、吴今培、杨东凯著，教育科学出版社；

(2)《GPS全球定位接收机—原理与软件实现》，鲁郁编著，电子工业出版社。

参考文献

[1] 普通高等学校高职高专教育指导性专业目录(试行).

[2] 王笑京,沈鸿飞,马林,等.中国智能交通系统发展战略[M].北京:人民交通出版社,2006.

[3] KVI 报告数据[R],2008.

[4] 人才培养模式[EB/OL].(2011-10-19)[2010-11-05] http://baike.baidu.com/view/4483603.htm.

[5] 任丽梅.高等职业教育已培养千万技能型专门人才[EB/OL].(2010-09-16)[2010-10-18]http://www.crd.net.cn/web/NewsInfo.asp? NewsId=1803.

[6] 蔡晓蓉,孔元发.对高职课程改革的思考[J].经济研究导刊,2010,(6):239-240.

[7] 教学方法[EB/OL].(2010-10-26)[2010-11-08] http://baike.baidu.com/view/424858.htm.

[8] 工学结合[EB/OL].(2010-07-27)[2010-11-10] http://baike.baidu.com/view/1307028.htm.

[9] 智能交通的发展趋势与市场前景分析[EB/OL].(2010-08-19)[2010-11-12]http://news.im2m.com.cn/hy/2010/08/19/0946016820.shtml.

[10] 中华人民共和国交通运输部.2008 年公路水路交通运输行业发展统计公报[EB/OL].(2009-04-29)[2010-10-25] http://www.moc.gov.cn/zhuzhan/zhengwugonggao/jiaotongbu/guihuatongji/200904/t20090429_577813.html

[11] 四川交通职业技术学院.国家示范性高等职业院校项目建设方案,2007.

[12] 四川交通职业技术学院.国家示范性高等职业院校项目建设任务书,2007.

[13] 中国高等教育学会,国家示范性高等职业院校建设工作协作委员会.高等职业教育校企合作工学结合论坛资料汇编[G].北京:高等教育出版社,2007.

[14] 中国高等教育学会,国家示范性高等职业院校建设工作协作委员会.高等职业教育校企合作、工学结合典型案例汇编[G].北京:高等教育出版社,2007.

[15] 全国高职高专校长联席会议项目执行委员会.高等职业教育国家示范建设工作改革与发展成果汇编[G].北京:高等教育出版社,2009.